日本企業のための経済安全保障

布施 哲
Fuse Satoru

PHP新書

日本企業のための経済安全保障　目次

第1章

経済安全保障とは何か

第２章　攻めの経済安全保障へ

第3章 企業にとっての台湾有事リスク

第4章 デジタル安全保障
――「データの武器化」とデジタル敗北

終章

経営に活かす経済安保インテリジェンス

第1章

経済安全保障とは何か

「戦略的自律性」と「戦略的不可欠性」

経済安全保障とは何だろうか。

筆者も恥ずかしながら業務の中で取り組んでいて、その摑みどころのなさに戸惑うことがある。

経済安全保障推進法は「経済安全保障」を冠《かんむり》につけているが、明確に「経済安保とは何か」を定義していない。「安全保障の確保に関する経済施策」という目的のために特定重要物資の確保、基幹インフラの安全の確保などの4つの政策手段を列挙しているだけだ。

だが、少なくとも経済安保とは経済政策というより、国の安全保障を確保するための概念、つまり経済的手段や経済政策が道具として使われるとしても、その目的は国家安全保障への貢献にあるものだと理解していいだろう。

そして、キーワードは「戦略的自律性」と「戦略的不可欠性」だ。

経済安保法制に関する有識者会議の議論では「経済活動の基盤を強靱化することで他国に過度に依存しない自律性を確保すること」と「先端的な重要技術の活用で他国に対する

優位性、国際社会にとって不可欠性を獲得、強化すること」としている。

外国に依存して、圧力によって不本意な意思決定を強要されないために、重要な領域は自国や友好国で賄《まかな》えるようにするのが「戦略的自律性」で、先端技術でリードするとともにその技術力ゆえに国際社会に必要とされる存在になるのが「戦略的不可欠性」だ。

経済安保推進法には4つの柱があるが、この法律はまさに戦略的自律性の確保（特定重要物資の確保、基幹インフラ役務の安定提供）と戦略的不可欠性の確保（特定重要技術の開発支援）を意識していることが窺える。

経済安保とは、国家安全保障のために経済的手段や経済的側面に着目することであり、具体的には戦略的自律性と戦略的不可欠性を確保することが目指されている。ビジネスパーソンが経済安保に取り組む際に、前提として大摑みしておくといいだろう。

自律性と不可欠性というレンズで経済安保の動きを見ていけば、政策に込められている目的や狙いが見えてくるし、何より錯綜する種々雑多な情勢の流れを整理するフレームワークになる。

経済的手段を使って安全保障の確保を目指す

経済安保に取り組む際に注意が必要なのは、経済安保の概念はまだ共通基盤が確立されていないことだ。人によって微妙に定義が違っていたり、そこに込めている意味が微妙にズレていたりするので注意が必要だ。まだまだみんなが走りながら考えているような概念であるのが難しいところであり、面白いところでもある。

たとえば戦略的自律性の確保は「他国に影響されないようにする」、戦略的不可欠性は「他国の優位に立ったり、他国から必要とされたりすることで自国の安全保障を確保しよう」というものだが、筆者は「何となくわかるが、具体的にどうやるの？」とも思ってしまう。

ものすごい先端技術を持って優位に立ち、周りからも必要とされることが、平和、つまり抑止力の維持という相手に日本への攻撃を思い留まらせることに、どうつながるのだろうか。

平和のため（安全保障のため）、相手に変な気を起こさせないために（＝KGI：重要目標達成指標）、戦略的不可欠性と戦略的自律性というＫＰＩ（重要業績評価指標）の達成を目指していくことは理解できる。一方で、不可欠性と自律性が相手に変な気を起こさせないことにどうつながるのか、つまり不可欠性と自律性を使ってどう平和を達成するのかのＨｏｗの部分が、具体的なシナリオも含めて説明されているのを聞いたことがない。

筆者はむしろ、相手から必要とされたり羨ましがられたりする技術や物資を持っているからこそ、相手がそれを欲しがって変な気を起こしてしまうのではないか、と心配になってしまう。

かように定義が曖昧で、まだまだ概念として完成されていない経済安保ではあるが、いったん本書では「経済的手段を使って安全保障の確保を目指すもの」と定義しておきたい。読者もその理解で読み進んでいただければと思う。

経済的手段を使って相手の意思を変更させる

話を戻すと、戦略的不可欠性と戦略的自律性は日本が目指す経済安保の方向を示す指標といえるものだが、防御的、受動的という特徴がある。他国からの影響に受動的に対応、対抗しようとする守りの発想が色濃く、技術優位性を使って相手の意思や行動をどう変更させていくか、という状況をつくり出そうとする能動的、攻勢的な発想は薄い。

どちらかというと守りに重点がある日本に対して、米国の経済安保はエコノミック・ステートクラフトと呼ばれる「経済的手段を使って相手の意思を変更させること」を目指し、より攻勢的で能動的な文脈で議論されていることが多い。日本は守り、米国は攻め、といったように、同じ経済安保（Economic Security）を議論していても、アクセントの置きどころや想定しているものが違ったりする。

米国では、経済安保とはエコノミック・ステートクラフトを意味する場合が多く、それはＤＩＭＥと呼ばれるDiplomacy（外交）、Intelligence（諜報）、Military（軍事）、Economy（経済）の４つの国力を駆使して国益の増進を図る、一連の政策手段の１つとして位置付けられている。

国家目標の達成のために軍事力を使って圧力もかけるし、スパイ活動で相手の意思を調べるし、経済的手段も使って攻めも守りもやる、という国家としての営みの中の１つの分野が、米国が考える経済安保だと理解していいだろう。

具体的には、資産凍結などの経済制裁、相手に重要技術が渡って敵対国の国力が伸長しないようにする輸出管理（安全保障貿易管理）がその典型だ。相手国の勢力圏拡大にくさびを打ち込むために特定の第三国や友好国に経済支援することや、懲罰的に経済的な嫌がらせ、あるいは障害として制裁関税を課すこと、自国の産業の競争力強化のために巨額の補助金を用意するといったことも、米国が日常的に採用している経済安保（エコノミック・ステートクラフト）の政策手段だ。

日本の企業にとって経済安保とは、まさにこうした米中競争を背景に米国や中国、欧州が繰り出す輸出規制や制裁措置、関税措置といった政策手段からもたらされるリスクを極限化することが出発点となる。日本の経済安保が受動的で守り中心になりがちな理由は、こうした経緯にある。

そして、日本国内では経済安保推進法への対応もある。海外リスク対応と経済安保推進法への対応を経済安保の主軸としつつ（人権リスクへの対応やサイバー攻撃などによる情報窃取も広義の経済安保に含まれるようになっているが、本書では対象外とする）、その先さらに経済安保を経営戦略に取り込み、事業機会に結びつけることも見据えていくのが、地政学リスク時代における企業にとっての経済安保だ。

「混ぜるな危険」？ 経済と安全保障

経済安保に触れるビジネスパーソンは最初、大いに戸惑うことがあるだろう。ビジネスのロジックと安全保障のロジックがかけ離れているため、これまで事業を通じて培ってきた感覚とは合わない、何か違和感のようなものを覚えるビジネスパーソンは多い。

その理由は、経済と安全保障という水と油の関係から来ている。経済安保とは、いわば水と油という「混ぜてはいけない」真逆のものを混ぜて両立させようとしているようなものだ。

たとえばビジネスのロジックは、グローバルに国籍の違いを超えてデータやノウハウを共有しながら協業、分業、役割分担して物品も全体最適で調達し、お互いの利益（売上）の最大化を目指す。Cheating（不正）のリスクはあるものの、基本は契約に基づいて互いが誠実に約束を果たすことを前提とし、取引する双方（売り手も買い手も）がハッピーになるウィン‐ウィンを目指すのが、経済（ビジネス）だ。

それに対して安全保障のロジックは、相手に優位性をとらせないため、あるいは相手を抑止するために相手の力を削いだり、こちらの優位性を相対的に上げたりしようとするゼロサムの発想、つまり「相手の弱みがこちらの強みになる」という前提だ。いかに常に相手より優位に立つか、相手は信頼できない、という前提で永遠のマウント合戦が続く世界だ。

そこでは、すべてのアクターは自己の利益を優先させる。こちらに害を及ぼさないのは、力や利益の事情から、やりたくてもやれないだけで、いつ不利益な仕掛けをしてくるか気が抜けない。そうなると、重要なのは効率性よりも相手の属性（敵か味方か、裏切りそうかどうか）や安全性、信頼性、確実性といった指標となる。兵器の値段が多少高くても、確実に動作する性能や強靭性が優先されるのはその典型だ。

経済が、最終的には相手の誠実な契約履行に期待する（依拠する）楽観主義であるとすれば、安全保障は常に最悪の事態を想定する悲観主義だといっていい。中国への先端半導体の輸出を絞って相手の成長や競争力にブレーキをかけながら、こちらの優位性を獲得しようとする半導体の輸出規制など、まさに安全保障の発想や流儀を経済（ビジネス）の分野に持ち込んだものだ。

国際関係の視点や安全保障のレンズも使った経営判断

企業レベルで見れば、ビジネスパーソンの皆さんはこれまで、経済合理性（利益の最大化、効率性、全体最適、ウィン‐ウィンを前提とするグローバル自由貿易）で動いてきたと思う。

一方で経済安保では経済合理性だけでなく、国際関係の視点や安全保障というレンズも使った経営判断が求められていくことを意味する。その両立は難しく、両立を経営戦略に反映させるのはもっと難しい。経済安保を各企業で担っているビジネスパーソンたちと筆者は勉強会をさせてもらっているが、彼ら彼女らは日々、こうした経済安保を業務にどう落とし込むかで苦労している。最初に立ちはだかるのは、事業部門が体現する経済合理性とのコンフリクトだ。

たとえば「中国製の製品やサービスを調達するほうが欧米製よりも3割、下手をしたら4割安いので、中国企業の部品やプロダクトを使いたい」、あるいは「将来の潜在的成長率を考え、中国市場で合弁事業を立ち上げて進出したい」。四半期ごとに達成すべきＫＰ

Ｉを背負って売上拡大に邁進する事業部門から、そんな提案が出てきたとしよう。

それに対して、安全保障の観点から「もしかしたら起きるかもしれない。でも、起きるかどうかはわからない」という経済安全保障上のリスクを優先して、場合によっては計画の見直しあるいは撤回を求めるのが、経済安保担当者のあなたの仕事となる。

コストや効率性に基づく選定だけでは不十分

その際に、担当者として経営層や事業部門に説明しなければいけないのは、経済安保に見合った新たな経営指標が今、求められていることだ。

たとえば米国政府の規制に引っかかって制裁を受けることになれば、レピュテーション（評判・信用）リスクだけでなく、米国企業から取引を中止されたり、最悪の場合、米国の金融ネットワークから退場を余儀なくされたりする恐れすら出てくる。グローバル企業にとっては、米国市場からの退場は死刑宣告に等しい。

そうならないためには、米国の制裁対象となりうる技術や取引がないかをまず把握しなければならない。中国企業との取引の際には米国の制裁違反とならないか、入念なバックグランドチェックやリスク評価が不可欠となる。部品の調達、自社製品の基幹部分を中国のサプライヤーに依存していないか、懸念国に自社の技術やデータが流出するリスクはないか、といった分析評価は、もはや経済安保の基本であり、経済安保に力を入れている企業は日常的に実施している。

こうなってくると、協業相手の選び方、研究開発のパートナーの選定、調達先の選定基準は、これまでの単なるコスト重視や効率性に基づくものだけでは不十分となる。地政学リスクによる途絶リスクがない調達先なのか、制裁リスクはないのか、といった視点も必要となり、安全性や信頼性といったものも経営指標として取り込まなければ、経済安保リスクには対応できない。

「ベネフィットは大きいが、地政学リスクも大きいので、あえてこの案件はやめる」といった判断も、これからはしていかなければならない。結果として案件を進めることになったとしても、事前、事後の経済安保リスクのレビューは必須だ。

調達先もコストや効率性だけではなく、信頼性や安全性、安定性が担保できるほうをあえてコストが高くなっても選択していく、という判断だってあっていいかもしれない。地政学リスク時代には、短期的には経済合理的であっても、制裁リスク、レピュテーションリスク、政府からの信頼低下などのリスクを考慮すると、長期的にはむしろ高くついてしまう可能性がある。経済安保は、こうした新たな時間軸、リスク評価軸を経営判断に取り入れていくことを企業に求めている。

こうなると、これまでの経済合理性（コスト、効率性）や、単年度や四半期ごとといった短期的な視点だけの経営指標では、地政学リスク時代の経営は成り立たなくなる。むしろ安全性や信頼性、確実性、アクセス性、透明性といった指標を経営判断に取り入れる必要が出てくるかもしれない。

判断の時間軸も、もっと長期間を見据えてもいいかもしれない。目先のコストの安さに目を奪われて飛びつくと、データを取られたり技術が漏洩《ろうえい》したりして、長期的には痛い目に遭《あ》うことになる（中国市場で日本や欧米の大中小の企業が、この轍《てつ》を踏んできたのではないだろうか）。多少コストが高くても、安全や信頼のあるプロダクトを使う発想も持つべき、という時代が到来している。

新しい正義の戦い

目先のコストや効率性だけで経営判断をしない。信頼性、安全性、確実性、安定性も新たな経営指標に取り入れる――これが経済安保時代の経営のあり方の1つだが、率直に言って、これを事業会社で実行するには、空気を読まない相当な胆力と鈍感力を必要とする。社内でこれを啓蒙しようとする担当者は針の筵《むしろ》だ。よほど経営サイドのバックアップがなければ、ボトムアップで社内浸透を図るのは無理だろう。

株式会社である以上、株主の利益の最大化つまり売上利益の最大化が正義である。長年、グローバルな自由貿易を通じて根付いてきたその正義に対して、あなたは担当者として、時にコストや効率性を度外視する経済安保という新しい正義で対抗しなければならないのだ。

安全保障にも配慮しながら、経済合理性も企業として追求する。その一致点、均衡点はどこにあって、どういう基準で見出すべきなのか。それを見つけ出し、社内の理解を得て実行に移していく苦労と戦いこそが、企業にとっての経済安保であり、ビジネス現場における経済安保である。

始まりは先端技術をめぐる米中対立

次に、そもそも米中が激しい競争を繰り広げ、規制をかけ合っている経済安保の時代状況が出てきた背景がどこにあるのか、概観しておきたい。経済安保の政策の背景を押さえることは、今後の政策トレンド、規制動向を見通していく視点を得るために必要だ。

経済安保という言葉が注目されることになった発端は、端的に言ってしまえば米中対立にある。その米中対立は、先端技術をめぐって展開されている。経済が安全保障に巻き込まれているのは、先端技術が理由だ。

ＡＩ、５Ｇ、監視カメラ、クラウド、そして先端半導体。いずれもデュアルユース（軍民両用技術）といわれ、ビジネスにおいては市場における優越を左右し、軍事においても彼我の優位性を決定的に左右する。

先端技術をいかに早く実用化して、自国に有利な状況を作るために使うかが勝者を決定づける。そのなかで、米中は先端技術で相手に先行を許さないための技術の囲い込み（輸出規制）をしている。

米国は、グレート・ゲーム（覇権をめぐる戦略的争い）で安全保障上の国益を損ねた、と判断した相手には制裁も辞さない。なぜなら、そこで争われているのは単なる市場でのシェアや米国企業の優位性ではなく、米国の覇権的地位だからだ。今の覇権的地位に中国が先端技術を使って挑戦しようとしている以上、地位を譲るつもりがない米国としては、競争で妥協するわけにはいかない。

もちろん、だからといって中国との経済関係を断絶（デカップリング）することはしない。そんなことをしたら、米国経済も返り血を浴びることになる。自国経済の減速にもつながるので、経済圏を完全に分離するようなことはせず（そんなことはそもそも不可能だが）、貿易を含めた経済関係は維持しつつ半導体、量子技術、ＡＩなどの経済、軍事両面で国力増進を左右する特定の先端技術分野でのみ（ただし最近では、汎用半導体にも対立は拡大しつつある）、厳しい投資規制や輸出規制を課すことで（いわゆるSmall Yard, High Fence）、少しでも中国の台頭のスピードを遅らせようとしている。これが米中の戦略競争をきっかけに、米国を発信源として経済安保というものが注目されるようになった背景である。

目的は覇権的地位の維持

ここで日本のビジネスパーソンが理解しておきたいのは、米国が中国と競争している主戦場、主目標は国家安全保障である、という重みだ。

米国は国家安全保障（つまり安全保障で担保される覇権的地位の維持）のために、あらゆる政策手段を繰り出している。補助金や輸出規制、サプライチェーンの米国内への取り込みは、ややもすると米企業の優遇、産業競争力の強化の一環と日本では理解されがちだ。その側面はあるにしても、動機と目的は覇権的地位の維持という国家安全保障だ。

たとえば米国でいえば、先端半導体は経済的利益だけでなく軍事へも応用され、戦略的台頭や覇権的地位の維持を左右する重要物資であるから、先端半導体のバリューチェーン（サプライチェーンがモノを生産するうえで物資や素材、部品の供給網を主に指す一方、バリューチェーンはサプライチェーンよりも広い概念でモノの調達、生産だけでなく、物流、販売、サービスまで含む広い概念。半導体では単なる生産だけではなく、販売先やアフターサービスも含めて中国以外の地域や国で完結させることを目指す文脈で議論されることが多い。部品調達から生産、販売、消費までの一連のエコシステム全体が半導体では議論される〈バリューチェーン〉一方、単なるモノの生産にあたって部品の調達先がどこなのか、を指すのがサプライチェーンで、経済安保やリスク管理の文脈で議論されることが多い）を米国内で完結できるようにしたり、中国の半導体技術の発展にブレーキをかけるために輸出規制をかけたりしている。産業競争力の強化という狙いもなくはないし、それがひいては安全保障にプラスにはなる。だが、あくまで産業競争力の強化は副次的目的、効果であり、主目的は国家安全保障である。そして、その安全保障で米国が妥協することはない。それだけ経済安保はシリアスなものだ、と理解してもらいたい。

経済的相互依存は戦争を抑止しない

日本では、経済安保というと「日の丸半導体をつくる」といった産業振興の発想に傾きがちだが、それは経済安保政策というよりも産業政策の範疇に入るものだ。日の丸半導体をつくることは日本の稼ぐ力につながる。稼ぐ力は食糧、エネルギー、資源を輸入に頼る日本にとっては国家の存立基盤に関わる能力であるので、先端半導体を国内で育てることは、広い意味での国家安全保障に資するものといえる。

ただ、他国による侵略から国を防衛するという、より狭義の国家安全保障の意味ではどうだろうか。日の丸半導体を育てることが、日本の平和を守ることにどう直結するのだろうか？　日本が先端半導体を持つことで中国の軍事行動を抑止するとすれば、なぜ、どのように先端半導体の優位性が紛争を抑止しうるのか。

仮に先端半導体なり何なり、重要な物資や製品で中国が日本に依存したとしても（つまり戦略的優位性、不可欠性を中国に対して確保したとしても）、残念ながら、それ自体は軍事行動を抑止できない、というのがこれまでの安全保障論の先行研究の立場だ。経済的相互依存が戦争を抑止しないのは、日米戦争や第一次世界大戦を見れば明らかだ。

もちろん、視点を重要な同盟国である米国にどう日本を不可欠な存在だと感じてもらえるかに転換すれば、先端半導体のサプライチェーンを日米で共有することは、戦略的不可欠さにつながりうるかもしれない。先端半導体がいまや戦争遂行や経済活動の質を決める戦略物資であることを考えれば、先端半導体のサプライチェーンを共有することで、平素からの日本へのサポートや、有事における米国の日本防衛への関与を確実なものにしようという試みにはなりうるかもしれない（ただ、先端半導体のサプライチェーンを共有することは平素における対米交渉力の強化になるかもしれないが、それが有事の際に米国がリスクを取って日本防衛にコミットすることを後押しする要因になりうるのか、筆者には確信がもてない。いくら半導体が戦略物資であっても、半導体をめぐって戦争をしたり、しなかったりする状況を筆者はどうしても想像できないのである。

筆者は（自身の視点が）安全保障の視点に偏っている自覚を持ちつつも、日本での経済安保アプローチはやや産業政策に寄り過ぎていて、米国における国家安全保障に紐づけて考えるアプローチとのギャップがあるように思える。

いずれにしても、米中が展開している経済安保とは単なる産業政策や自国企業の優遇ではなく、国家安全保障を賭けた、妥協の余地のない争いの領域であることは知っておいたほうがいい。日本では経済安保をリスク管理やコンプライアンス、産業振興に結びつけて考えがちだが、米中はそれだけではなく、国家安全保障という至高の目的のために経済安保を使っている。それだけ企業の側も国家（米中）の本気度を踏まえてそのリスクに取り組まなければならない。

OFACとEAR

では、米国のどのような規制が企業にとってどのようにリスクになりうるのか。OFACとEARという最も代表的な米国の規制を紹介したい。

米国のOFAC（外国資産管理室［財務省所管］）が担う制裁とEAR（米国輸出管理規則［商務省所管］）が担う輸出規制は、日本企業への影響が大きいので要注意だ。

なお、他の規制も含めて米国の規制の詳細については多くの類書が取り扱っているので、そちらを参照してもらいたい。本書では規制の概略と政策的意味だけに絞って取り上げるので、正確な規制動向については法律家や専門家のサポートをしっかり受けて対応してもらえればと思う。

OFAC規制は、日本の金融機関から海外に送金しようとする際に取引相手に制裁国の関係者が含まれていないか確認を求められるものだ。特定の制裁対象国とのほぼすべての取引を禁じるもの、特定のテロリストや個人との取引を禁じるものもある。

厄介なのは、米国法人は当然のこと、米国に所在しない日本の法人でも米国金融機関が介在する米ドル決済をしていれば、OFAC規制の対象だと認定されてしまうことがある点だ。OFACではSDN（特別指定者）との取引を禁じているが、それに違反すると最大20年の禁固刑や制裁金が科されるほか、米ドルでの銀行取引が停止される。これらの措置が科されれば、一般の米国企業はコンプライアンス上、違反企業と取引を控えることになるため、事実上、米国市場から追放されるのと同義といっていい。

一方、EARでは重要技術14分野の品目を対象として、エンティティ・リストに掲載された企業、団体への輸出を禁じている。トリッキーなのは、一定以上の割合でも米国の知財（部品や技術）が利用されていれば規制の対象となる点だ。

たとえば取引先の中国企業がエンティティ・リストに掲載されれば、米国産の部品や製品を供給できなくなり、契約継続には米国産に該当しない代替製品を充てる必要が出てくる。米国法人が違反すれば20年以下の禁固刑、罰金が、日本企業の違反であればDenied Persons List に掲載されて輸出禁止対象になる可能性もある。

さらにトリッキーなのは、米国外での行為であっても、処罰対象になりうる域外適用やみなし輸出、みなし再輸出が適用されることもある点で、日本所在の法人であっても気が抜けない厄介な規制だ。

ＯＦＡＣとＥＡＲに関する詳細はぜひ法律の専門家のアドバイスを受けてもらいたいが、ここで強調したいのは米国の本気度だ。特にＥＡＲ関連ではここ最近、過去最高額となる罰金（３億ドル）が中国のファーウェイ向けの輸出事案で科されるなど、その厳格運用からは本気で「重要技術を敵対国や競争相手に渡さない」という米国の執念を感じさせる。ひとえに、国家安全保障という何よりも優先されるべき利益が関わっているからである。

対中強硬は民主、共和を問わず

米国が執念ともいえるような対中強硬路線に乗り出し、経済安保という時代が幕開けとなる節目があったとすれば、それは２０１８年10月のトランプ政権期のペンス演説だろう。当時、筆者は米国ワシントンに駐在していたが、ペンス副大統領の演説を境にワシントンでの話題が対中強硬ムードに変わっていったことを今でも覚えている。

「中国は口先では改革開放を謳っているが、自由で開かれた貿易とはそぐわない政策を行っている」「中国は監視国家をつくり上げた」「中国は米国を西太平洋から追い出すことを望んでいる」

ペンス演説は経済、軍事、人権、政治体制と、あらゆる分野で中国を批判し、全面対決を宣言したものだった。トランプ政権は中国に対する制裁関税を発動して米企業に対するサイバー攻撃や不公正な貿易慣行をやめるよう迫り、米中対立時代の幕開けとなった。共和党のトランプ政権から民主党のバイデン政権に変わっても、対中強硬路線に変化はなかった。

政府トップも経営トップも、違いを出すために前任者を否定することが往々にしてあるが、そうはならなかった。トランプ政権が敷いた対中強硬路線をバイデン政権が引き継いだことで、対中強硬は米国内で民主、共和を問わない超党派のものとなったのであった。これはまた、米中対立に起因する地政学リスク時代が長期化するといわれる所以《ゆえん》でもある。

先端半導体におけるデカップリング宣言

そのバイデン政権が、経済安保の中心に置いたのは先端半導体だ。

半導体はＡＩ、コンピュータ、ＩｏＴ（モノのインターネット）機器、自動車、家電製品まで幅広く使われる。特に先端半導体は精密誘導ミサイル、人工衛星、最先端のステルス戦闘機、兵器とセンサー、司令部と各部隊を結ぶ戦術指揮統制ネットワークなどの性能も左右する。その先端技術の性能を左右するのが先端半導体の性能であり、半導体は米中対立の時代において最重要の戦略物資になっている。

日本の経済安保がややもすると産業政策の色合いが強くなると指摘したが、バイデン政権による先端半導体の輸出規制も一見、自国の半導体産業の育成、保護という産業政策に見えて（その側面もあるが）、その実、国家安全保障上の対抗措置だというのが実体だ。

２０２２年10月、バイデン政権はスーパーコンピュータなどの先端技術、先端半導体の製造装置や設計ソフトの中国への輸出を事実上、禁止する厳しい措置を発表。先端半導体を製造する中国の工場への部品や技術の提供も制限するほか、半導体の生産、開発に携わる米国人技術者の就業も制限対象とした。一言でいえば、米企業に対して中国の半導体工場に部品も人材も技術も提供させない、製造装置も送らせないというもので、先端半導体分野におけるデカップリング宣言に等しい。

こうした制限は許可申請制となるが、商務省が原則、却下するのが通例のため、規制対象となる中国事業は事実上、不可能になる。違反した場合は法人、経営者個人の刑事責任も問われる可能性がある、非常にシリアスな規制だ。

未来の戦闘を変えるゲームチェンジャー技術

ここまで厳しい規制を敷いたのはなぜか。その理由は米国の「官報」に書かれている。Federal Registerと呼ばれる米国の官報（２０２２年10月13日付）には、ＡＩとそれを支える先端半導体が中国の軍事力を増強させていることへの危機感が記されている。

たとえば「先端半導体によって駆動するＡＩが行う高度なデータ処理や分析は、軍事作戦における指揮統制、意思決定、ロジスティックスの精度と速度の向上に使われている」といった具合だ。

加えて、敵のレーダーや通信の分析、妨害などを行う自律型兵器の開発にもＡＩと先端半導体が利用されているなどと、具体的にどのような軍事能力を問題視しているかも細かく書かれている。

官報はさらに、ＡＩとスーパーコンピュータを使って中国が核兵器と極超音速ミサイル

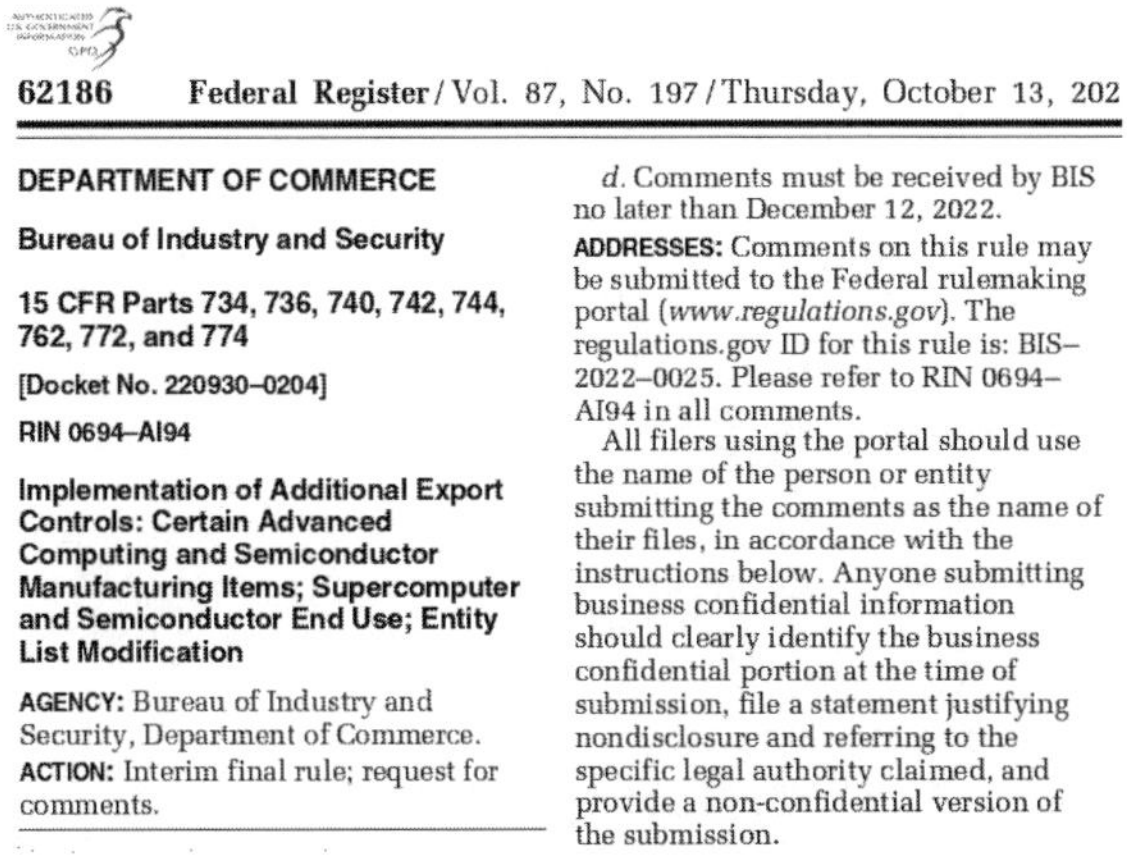

62186 Federal Register / Vol. 87, No. 197 / Thursday, October 13, 202

DEPARTMENT OF COMMERCE

Bureau of Industry and Security

15 CFR Parts 734, 736, 740, 742, 744, 762, 772, and 774

[Docket No. 220930–0204]

RIN 0694–AI94

Implementation of Additional Export Controls: Certain Advanced Computing and Semiconductor Manufacturing Items; Supercomputer and Semiconductor End Use; Entity List Modification

AGENCY: Bureau of Industry and Security, Department of Commerce.

ACTION: Interim final rule; request for comments.

d. Comments must be received by BIS no later than December 12, 2022.

ADDRESSES: Comments on this rule may be submitted to the Federal rulemaking portal (*www.regulations.gov*). The regulations.gov ID for this rule is: BIS–2022–0025. Please refer to RIN 0694–AI94 in all comments.

All filers using the portal should use the name of the person or entity submitting the comments as the name of their files, in accordance with the instructions below. Anyone submitting business confidential information should clearly identify the business confidential portion at the time of submission, file a statement justifying nondisclosure and referring to the specific legal authority claimed, and provide a non-confidential version of the submission.

米国の官報（https://www.federalregister.gov/）より

の設計、試験、攻撃効果のシミュレーションを進化させていることにも警鐘を鳴らす。

ここで挙げられている自律型兵器（ＡＩ兵器やＡＩ駆動型ロボット兵器）や、ＡＩを使った意思決定システム、極超音速兵器は、いずれも未来の戦闘のあり方を変えるゲームチェンジャー技術と目されている。

米国をはじめ、先進国が開発に鎬《しのぎ》を削っているこれらの先端兵器の性能や開発スピードを左右するのが先端半導体だ。米国がなりふり構わず先端半導体が中国に渡らないようにしようとしている理由はここにある。

実際、官報の記述を仔細に見てみると、米国政府の焦燥感が伝わってくる。

半導体製造装置の中国への輸出を規制する理

由として「in order to immediately address concerns with the PRC」=「直ちに中国に関する懸念事項に対処するため」とか、「Due to urgent need for this rule to counter China's action」=「中国の動きに対抗する緊急的な必要性のために」といった危機感溢れる文言が踊っている。

そこからは「とにかく今、手を打たなければ、どんどん中国はＡＩと先端半導体を使って軍事的に進化してしまい、そのうち手に負えなくなってしまう」という焦りのようなものすら感じさせる。

さらにもう1つ、米国の焦り、そして本気度を感じさせるものが２０２３年8月にバイデン政権が発表した、中国向け対外投資規制に関する大統領令だ。半導体（マイクロ・エレクトロニクス）、量子情報技術、ＡＩの３分野で、国家安全保障上の脅威につながる取引を禁止する。これら3つの先端技術の生産力向上が中国の軍事力の近代化につながっていて、米国からの投資が大きく寄与していると米国政府は懸念している。

日本企業の米国現地法人も影響を受けるこの規制の特筆すべき点は、投資という資金流入ではなく、米国からの投資に伴うノウハウの中国への流入を止めようとしていることだ。米国からのベンチャー投資は資金だけでなく、経営支援や人材の提供も伴うことがあり、そうした「伴走型」支援とセットの投資が中国の生産基盤の強化に、ひいては中国軍の近代化にも寄与していることが疑われている。米国が先端半導体を国家安全保障の文脈で捉えて規制しようとする発想は、半導体を産業政策として捉えがちな日本のアプローチとは大きく異なる。

あらゆる先端技術の性能を左右する、先端半導体をめぐる駆け引き。バイデン大統領はこれまで重ねて、中国が台湾を武力攻撃することになれば米国は台湾防衛に乗り出す、と表明してきた。米国が台湾の防衛に関与を示す理由はいくつかあるが、その１つが半導体だという見方もある（ちなみに筆者は、先端半導体の工場の存在が中国に台湾侵攻を決意させる主要因にも、米国に台湾防衛を決意させる主要因にもなるとは思わない。もっと別の国内政治事情に根差した戦略的理由で中国の軍事関与は決定されるのではないだろうか）。

ＴＳＭＣが仮に中国の手に落ちたら

世界における先端半導体の大半を生産するのが、台湾の半導体メーカーＴＳＭＣだ。ＴＳＭＣの工場は台湾の西海岸、つまり中国側に集中している。先端半導体が台湾有事を左右する要因なのではないか、というロジックは次のようなものとなる。

台湾で紛争が起きて、世界に先端半導体を供給するＴＳＭＣからの供給がストップすることになれば、それによる経済的損失は計り知れないものになる。米情報機関トップのヘインズ国家情報長官は台湾有事で半導体生産が停止した場合、世界経済に最大で年間１兆ドル、およそ１５０兆円超のダメージを及ぼすと米議会で証言している。

仮に台湾が中国の手に落ちてＴＳＭＣが接収されることになれば、その先端技術の結晶を手に入れた中国の技術競争力、市場支配力を前に米国、日本、欧州は太刀打ちできなくなるかもしれない（もちろん設備だけを入手しても、熟練した技術者がいなければ生産力、技術開発力にはつながらない。だが、中国の人材の厚さや成長スピードならそのハンディも挽回できないとも限らない）。

ＴＳＭＣが持つ戦略的価値が米軍内でも認識されていることを示唆する論文もある。

米陸軍大学が発行する軍事季刊誌に掲載された論文で、共著者の米空軍大学教授とコロラド大学准教授は「台湾攻撃を抑止するには、台湾が力ずくで奪い取るほど魅力的なものではない、と中国に認識させることが有効だ」だと指摘している。

そして、その方法の１つは「ＴＳＭＣの工場を破壊するぞ、と中国に脅しをかけること」だと論じている。

何とも驚きの発想だが、そんな脅しが効くくらいに中国にとってＴＳＭＣが重要である、とこの論文の著者は考えているのだろう。米陸軍の幹部を養成する高等教育機関が発行する学術雑誌でこうした議論が展開されることは、ＴＳＭＣが製造する半導体の価値がビジネスだけでなく安全保障の領域でも強く意識されていることを示している。

経済と軍事、両面の利益をダイナミックに確保

もちろん米国も、台湾に先端半導体の生産基盤が集中しているリスクについて、ただ手をこまねいているわけではない。この半導体製造における台湾依存という経済安保リスクの軽減策を打とうと動いている。

バイデン政権は「ＣＨＩＰＳ・科学法」（以下、ＣＨＩＰＳ法）に基づく巨額の補助金３９０億ドルを用意して、ＴＳＭＣを含めた世界の半導体メーカーや製造装置メーカーを米国内に誘致しようとしている。

もちろん台湾側も、米国の狙いは百も承知だ。先端半導体の生産をみすみす米国に持っ

ていけば、台湾の戦略的価値は低下し、米国は台湾防衛に本気にならなくなってしまうかもしれない（もちろん米国の台湾防衛の理由は先端半導体だけではなく、台湾が持つ地政学的位置がもたらす軍事的インパクトや戦略的影響にこそ米国が軍事的に関与する理由はある）。TSMCは米国政府の誘致に応じる一方で、最先端の虎の子の半導体の生産は引き続き台湾で行うという、絶妙なバランス対応を見せている。

米国としては、CHIPS法の補助金により米国での半導体製造の拠点建設を促すことで、中国や台湾の動向に影響されない米国内の供給網を構築する。同時に補助金を受けた外国企業は中国国内での半導体関連の投資を10年間できない縛りをかけるなど、友好国のメーカーを自国に招き入れ、中国に行かせないように囲い込む。補助金という経済的手段を使って、外国メーカーの技術や製品を中国に行かせず、中国の開発スピードを遅らせて国家安全保障上のニーズを満たす。同時に、台湾有事による供給ストップという経済安保リスクを低減させつつ、米国人の雇用創出という経済的、国内政治的な利益も満たす。米国が狙うのは一石三鳥、四鳥であろうか。

米国の経済安保とは、サプライチェーン管理や制裁対応といった守りではなく、経済的手段（補助金、制裁、先端技術の開発など）を駆使しながら経済と軍事、両面の利益をダイナミックに確保しようとするやり方だ。リスク管理という守りに終始しがちな日本の経済安保とは決定的に異なる。

米中の板挟みに陥る日本企業

先端半導体分野における米国によるデカップリングに対して、中国は「双循環戦略」（２０２０年5月14日の共産党中央政治局常務会議）と呼ばれる新たな発展戦略によって、中国経済の自律性、不可欠性を確保することで対抗しようとしている。

それに先立つ２０２０年４月の中央財政経済委員会で、習近平国家主席は中国の技術を磨いて外国を中国に依存させること、国家安全保障に関わる領域で危機に強い生産、供給網を構築することに言及している。外国を中国のサプライチェーンに依存させて中国を容易に排除や切り離しができないようにすることと、中国企業の海外への依存度を下げることを狙っているものと考えられる。

自国の経済基盤の強靭化で米国の規制による影響緩和を図るのと並行して、対抗措置とも取れる法令の整備も急ピッチで進めている。２０２０年９月に「信頼できないエンティティ・リスト」を施行して、2023年2月に米国企業2社（ロッキード・マーチン社とレイセオン社）を指定したほか、2021年6月には外国の制裁措置に対抗して中国内の動産、不動産の差し押さえといった報復措置を可能にする「反外国制裁法」を施行している。

2023年7月には改正「反スパイ法」を施行したほか、半導体に不可欠な原材料であるガリウムとゲルマニウム関連製品の輸出を許可制とする措置も打ち出している。いずれの対抗措置も、サプライチェーンの混乱を生み出すような強力な措置ではないほか、「エンティティ・リスト」も実質的には影響がないシンボリックな措置ともいえ、抑制的な運用がされている。

だが、中国の立法措置ラッシュを受けて日本企業が米中の規制の間で板挟みに陥るような構図ができつつあることに、日本企業担当者の中では警戒感が広がる。

板挟みの典型が反外国制裁法だ。米国の規制に従って対中輸出を停止すれば、反外国制裁法に基づき日本企業が損害賠償請求を受けたり、当局から中国内の財産の差し押さえや凍結が科される可能性が出てくる法律である。ビザ発給拒否や国外追放といった不利益措置も中国政府は取ることができる。

さらに日本のビジネスパーソンにとって不気味な存在が、反スパイ法だ。2023年7月の改正では保護対象が「その他の国家安全と利益に関係する文書、データ、資料、物品」と拡大されている。米国政府の国家防諜安保センターは米企業向けに注意喚起文書を出し、「曖昧な定義によってあらゆる文書やデータが中国の国家安全保障に関連があると見なされうる」と警告している。これにより、外国企業、ビジネスパーソン、研究者、記者にとって潜在的なリスクがあると注意を促している。

ちなみに2014年の反スパイ法制定以来、日本人は17人がスパイ容疑で拘束されたとされ、そのうち10人が起訴されている。内訳としては懲役5、6年の刑を終えて帰国した人が多い。なかには懲役12年や15年の刑で服役中の人や、服役中に死亡した70代男性もいる。

また近年、中国所在の外資系コンサル会社への捜査が増加していることも気になる。コンサル会社が重要技術分野の機密情報の調査を行い、それが外国政府による情報収集活動の隠れ蓑になっていると中国当局が見ている、と『サウスチャイナ・モーニング・ポスト』紙は報じている。

日本企業が中国でコンサル会社に調査を発注する際は、発注内容が機微に関わるものではないか注意が必要であるうえ、調査の成果物が海外送信（持ち出し）を伴うかどうか、特に法的なチェックが欠かせなくなるだろう。後述するようにデータの重要性が経済安保のホットイシューになっており、中国もデータ3法（サイバーセキュリティ法、データセキュリティ法、個人情報保護法）を通じてデータの中国国内保存義務や越境移転規制を打ち出していることも要注意だ。

読者の方は、すでに中国で事業をする際に考慮しなければいけない経済安保リスクの多さに驚かれているかもしれない。だが、これ以外に米政府が不公正な貿易慣行だと批判しているような種々の外資に対する規制や商習慣、地方政府の独自ルールというリスクが多々ある。

最も日本企業が意識せざるをえない、制定された法律のリスクは国家情報法7条だろう。第7条は中国のあらゆる組織、個人に対して平時、有事、国内、国外を問わず国家の情報工作に協力するよう義務付けていると読める点が懸念されていて、日本企業にとっては潜在的な企業秘密の漏洩リスクとして意識されている。

ここで列挙したリスクはあくまで主なものだけであり、中国における事業に伴うリスクの全体像をカバーしきれていない。当然リスクは常にあるものであり、過度に怖がっていては何もできなくなるのも事実だ。

　あとは中国でのリスクとベネフィットをどう比較衡量して中国事業を考えるかであり、それは各社が置かれている状況によって変わってくる。ただ言えることは、米中対立による経済安保時代がまだ続いていくのならば、中国事業の継続は政治リスク、規制リスク、法的リスクなどと辛抱強く向き合い続ける「守りの経済安保」にコミットしなければならないことを意味する。

経済安全保障推進法への対応

　米中による規制対応という海外リスク管理と並んで、企業にとっての経済安保の柱になるのが、国内の経済安保推進法への対応だ。

　経済安保推進法（以下、推進法）は企業にとっては義務（コスト）にも、経済的支援にも、事業機会の創出にもなりうるものだ。

　２０２２年5月に成立、公布された推進法は国家と国民の安全を経済面から確保することを目的に、４つの柱で構成されている。①特定重要物資の安定的供給の確保（サプライチェーンの強靭化)、②特定社会基盤役務の安定的供給の確保(基幹インフラ事業者のセキュリティとサプライチェーンの強化)、③特定重要技術の開発支援(「K Program」=経済安全保障重要技術育成プログラムと呼ばれる官民技術開発協力。以後、「Kプロ」)、④特許出願の非公開の4つである。

本書では、主要制度である①~③が持つ企業へのインプリケーションについて考えてみたい。

最初に、①の特定重要物資によるサプライチェーンの強靭化は、供給が途絶したら国民の生存や国民生活、経済活動に甚大な影響を及ぼす物資を特定重要物資として指定して民間事業者を支援し、それらの安定供給を図ることが目的となる。

助成金総額は2兆1830億円

特定重要物資は(1)重要性、(2)外部依存性、(3)供給途絶の蓋然性、(4)支援の必要性の4つの要件によって絞り込まれ、12の物資が指定されている(2024年2月に先端電子部品を追加指定)。これらの物資について製造設備への支援、備蓄の支援、代替物資の研究開発支援が行われる。

肥料であれば備蓄の支援であり、半導体であれば生産基盤強化と原材料の供給強化も支援対象となる。工作機械や産業用ロボットの例では生産基盤だけでなく研究開発が、クラウドであれば、プログラム開発に必要な計算基盤の整備も支援対象になる。

直近では先端電子部品（コンデンサー及びろ波器）が追加指定されたが、その際の政府の対応スピードは非常に速く「国としての本気度を感じる」（ある素材メーカー担当者）というものだった。国家安全保障局や内閣府の経済安保推進室の動きは経済安保のプライオリティの高さを物語っている。

特定重要物資の12分野
抗菌性物質製剤
肥料
半導体
蓄電池
永久磁石
重要鉱物
工作機械・産業用ロボット
航空機の部品
クラウドプログラム
天然ガス
船舶の部品
先端電子部品

『日本経済新聞（電子版）』（2022年11月16日）に加筆・修正

民間事業者はそれらの指定物資（特定重要物資）に関する安定供給計画を提出して政府から認定されれば、助成金や長期の低金利の融資などの支援を受けることができる。これまでの助成金の総額は2兆1830億円と巨額だ。

この制度は、政府が調達先や保管状況などを把握しながらも、できるだけ民間企業の創意工夫のある事業活動を阻害しない配慮がされている点が特徴といえる。政府は助成金などのインセンティブを活用するやり方で、政府が前面に出るのではなく民間の取り組みを後押しすることで重要物資の供給を安定的にしようという試みだ。

これらの重要物資をめぐっては、日本企業は海外企業との熾烈な競争に晒されている。一部の国では国策として政府がバックアップしているケースもあり、単純に市場原理だけに任せていてはフェアな競争環境とはいえない部分もある。しかも、問われているのは一企業のビジネスではなく国の安全保障に影響する重要物資だ。

日本政府が本制度を通じて支援をすることで、日本企業が同じ土俵で海外勢との重要物資をめぐる競争をできる環境を整えるという意義は非常に大きく、国家安全保障にとっても企業にとってもウィン - ウィンといえる。

2023年4月以降、これまでに延べ84件の供給確保計画が採択されているなか、特定重要物資を取り扱う企業にとっては巨額の助成金は魅力的だ。「この制度がなければ自社負担でやっているところ、生産や保管での設備投資に関わる支援を受けられるのはありがたい」（原材料メーカー担当者）という面は確かにあるだろう。別のメーカーの担当者も「助成金を得ながら事業機会の獲得にもつながるのでとても有用」だと評価する。

他方で課題もある。日本国内向けの供給が前提となるが、そもそも国内需要が十分でない物資もあるため、たとえば政府からの支援があっても企業としては投資に踏み切れない場合もある。今後、同盟国や同志国で連携して、特定重要物資のサプライチェーンを多国間枠組みで構築できれば、こうした課題も解消されていくかもしれない。

また、ある企業担当者は「税金を使っている以上、慎重に審査に時間をかける必要がある」と理解を示しながらも、「申請後も追加質問などを経て認定まで６カ月くらいかかることもあり、民間ビジネスの時間軸でいえば時間がかかっている」という課題も指摘する。

企業としては、まずは自社の製品で特定重要物資に該当するものがあるかどうかを把握したい。その際、注意したいのは特定重要物資そのものでなくても、その原材料や部品も特定重要物資に該当する可能性がある。前述の通り、備蓄の支援だけでなく研究開発基盤、生産基盤への設備投資も支援となるので、支援を受けられる裾野は広い。

ただ、責任もある。認定を受けた物資が供給不足となった場合は、提出した供給計画に従って国内への供給に充てなければならないので、海外向け供給とのバランスはあらかじめ想定、計画しておく必要がある。供給計画の実施状況も毎年度、報告が義務付けられている。国からの支援を受けることで海外からの投資受け入れの手続きコストが重くなる可能性も想定したほうがいいだろう。

供給計画の申請にあたっての要件も確認しておきたい。申請事業者にはサイバーセキュリティへの対応やガバナンスの透明化、情報管理体制の整備が求められている。大企業であればいずれも推進法以前に実施済みだとは思われるが、中小企業では新たなに導入コスト、対応コストが発生する可能性もあることを考慮して費用対効果を評価する必要がある。

政府と企業が二人三脚で取り組む

②の基幹インフラのセキュリティ確保は、基幹インフラの重要設備に対する外国のサイバー攻撃や物理的破壊によって、インフラサービスの安定供給に支障が出ないようにするための制度だ。

基幹インフラ事業者の審査にあたっては基幹インフラの機能を支える特定重要設備や構成設備を政府が指定したうえで、特定重要設備（ハードだけでなくソフトウェア、クラウドサービスも含む）の導入計画と、外部ベンダーへの委託の中身を事前審査することになる。

具体的には、サイバー攻撃や物理的な攻撃を受けるリスクがないか、重要設備のハードやソフトのセキュリティのレベルを審査するほか、重要設備の運営や維持管理の委託先の安全性も審査されることになる。審査は原則30日間とされ、最大で４カ月間まで延長が可能だ。最大で４カ月間続く審査の間、企業側は届出した設備の導入と外部委託を行うことはできない。

審査で安全性に問題があると判断されれば、政府は設備の導入や維持管理の委託の変更や中止を勧告、命令することができる。虚偽の届出を行って設備の導入や外部委託をした場合や国からの変更や中止の命令に違反した場合は2年以下の懲役または１００万円以下の罰金が科される。経済安保推進法の４つの柱の中で最も重い罰則が設けられており、国が特にこの基幹インフラ事業者の審査を重く見ていることが窺える。

対象事業者の数や範囲の広さも注目される。対象インフラは電気、ガス、放送、航空、空港、鉄道、金融などに及び、14分野２１０社以上が基幹インフラ事業者として指定を受けている（今後は港湾、医療も追加指定される見込みだ）。

それらの基幹インフラ事業者に設備を納入している外部ベンダーも含めれば、本制度の影響を受ける企業の数はもっと広がる。端的にいえば、日本のインフラを担っている名だたる企業が対象になっており、それらの企業に製品やサービスを提供している優良企業も関係してくる。その意味で本制度は推進法のなかで最も産業界への影響が広く、影響が大きい制度であり、経済安保推進法の本丸ともいえるものだ。

当然、基幹インフラ企業の側は本気にならざるをえない。サイバー攻撃などの妨害行為でサービスが麻痺することがあれば、真っ先に批判の矢面に立つことになるし、それはシステムを納めているサプライヤーも同じだ。

この制度がユニークなのは、政府と審査を受ける基幹インフラ事業者の関係性だ。審査を通じて政府が持つ情報も活用しながら、自社設備のサプライチェーンに悪意あるものがまぎれ込んでいないか、政府と企業が二人三脚で取り組むという側面がある。政府としてはインフラ事業者の届出に太鼓判を押せば、ある種の運命共同体になる。審査の合格後に何かインシデントが発生すれば「企業と政府とで共同責任」（政府担当者）にもなるため、審査する政府も覚悟がいる。

制度のスキーム

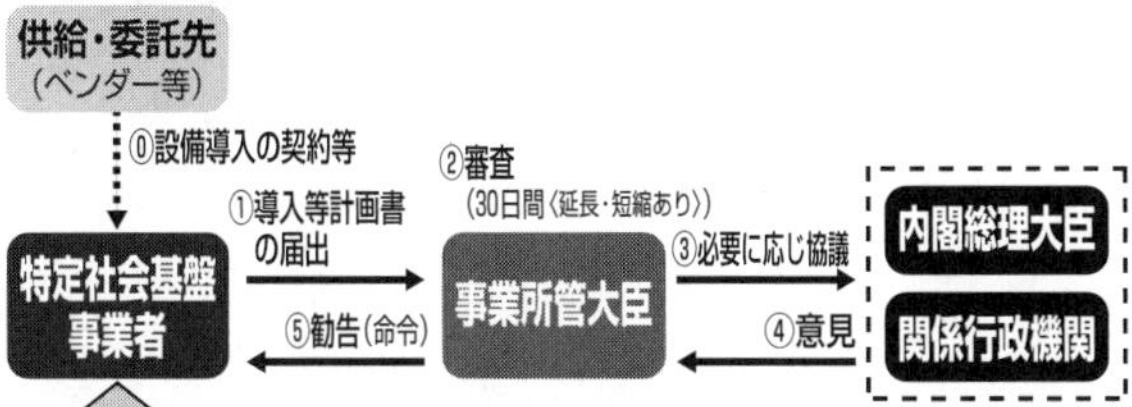

（1）**対象事業**…法律で次の14分野を外縁として規定。それぞれの分野について、必要な範囲に細分化し**政令**で絞り込み。

1. 電気	2. ガス	3. 石油	4. 水道	5. 鉄道
6. 貨物自動車運送	7. 外航貨物	8. 航空	9. 空港	10. 電気通信
11. 放送	12. 郵便	13. 金融	14. クレジットカード	

（2）**対象事業者（特定社会基盤事業者）**…絞り込んだ事業ごとに、事業所管大臣が、**省令**で基準を作成し、該当する者を指定・**告示**。

出典：国土交通省
https://www.mlit.go.jp/kowan/content/001710840.pdf

当然、政府の審査を受ける立場の企業も覚悟がいるだろう。それこそ審査に通らず、基幹業務が一時停止に追い込まれるようなことになれば事業基盤を揺るがす事態になりかねないだけに、緊張感をもって対応することになるだろう。

届出と審査の流れを見ていこう。

届出にあたっては、特定社会基盤事業者と呼ばれる基幹インフラ事業者が所管官庁に導入等計画書を提出して審査を受けることになる。この計画書には特定重要設備の概要、その設備を納入しているサプライヤーの属性を記入する。維持管理の委託については委託先、再委託先に関する事項が対象となる。

特定重要設備の供給者（サプライヤー、べ

ンダー）と委託先の企業、それぞれに属性が審査の焦点であり、サプライヤーの企業の議決権5％以上を直接保有する主体の名称、国籍、議決権保有の割合、役員の氏名、国籍を届け出なければならない。

それに加えて、供給者が総売上の25％以上を外国政府から上げている場合、その相手国名と割合が必要となるほか、納入される特定重要設備の製造場所がどこの国や地域なのかも記入する必要がある。

当然といえば当然ではあるものの、外国からの影響の有無に政府の関心があることが改めてわかる。

国内のサプライヤーであれば、これらの情報の提出を依頼することは特に大きな困難は予想されないが、海外のサプライヤーの場合は別だ。海外のサプライヤーからの情報提供がなかなかスムーズに進まないという話が早速、聞こえてきている。日本の法律で必要なことだということを「海外に広く日本政府から周知してほしい」という声は基幹インフラ事業者の間では当初から根強くある。

迷ったら政府の相談窓口に

企業にとって悩ましいのは、「外国から」といっても、具体的にどこの国がダメなのか、どの国の、どの分野の、どのサプライヤーがNGなのかを示すような審査基準が一切、示されていないことだ。

経済安保の世界では有名な米国のFY2019国防権限法は、ブラックリスト式に具体的な中国企業5社を名指ししながら中国製の通信機器の政府調達の禁止を規定している。これであれば政府が問題視しているメーカーや懸念されている脆弱性が何か、特定できるし、類似リスクを見極める際の手助けにもなる。

「このメーカーなら大丈夫」というホワイトリストであっても、事業者の側にはセーフハーバーになって助かるだろう。ブラックリスクがあれば、記載のメーカーや製品は避ける、ホワイトリストがあれば、そこに記載のメーカーを使うということができ、審査を受ける側も行う側も手間が省けていいと思ってしまうが、政府関係者によればそう簡単ではないという。

ホワイトリストの記載後に、懸念国の資本や影響力が当該会社に及んでしまい、「実はホワイトな会社ではなくなっていたのにホワイト扱いとされてしまう」ということもありえてしまうという。ブラックリストのほうはリストに掲載された企業の国との外交上の摩擦を招くデメリットもあり（たとえば前述の中国の反国家制裁法のトリガーとなってしまうリスクになりうる）、政府としてはホワイトリスト、ブラックリストといった審査基準を公表する予定はないとしている。

政府は各省庁と内閣府に相談窓口を設置しているので、そこを活用して相談しにきてほしいと呼びかけている。残念ながら「事業者からの相談は低調」（政府担当者）だということだが。

相談窓口について気になるのは「このメーカーの設備は大丈夫でしょうか」「こっちはあぶなそうでしょうか」という問い合わせに、どれだけ具体的な答えを政府は返してくれるか、だ。企業の側にとっては審査ではねられることがあれば、莫大な設備投資が水泡に帰すことになりかねないだけに深刻な問題だ。

幸いなことに、そこは安心していいらしい。「イエスやノーも含めてお答え」をし、「これは企業の方の判断、と丸投げするようなことはしない」（政府担当者）とのことなので、ぜひ迷ったら相談窓口に相談してみてほしい。

データが外国主体の影響下にないか

ＬＩＮＥヤフー社に対する度重なる行政指導を踏まえると、基幹インフラ事業者に対する審査では、ハードの設備だけでなくデータの取り扱いや流通経路も重要な審査事項になることが予想される。クラウドやその上で保存、利活用されるデータが外国主体の影響下にないか、という点が審査で精査されると考えておくべきだろう。

自社の特定重要設備を構成するプログラムが扱うデータの流通経路や保管場所が、意図せず海外を経由していたりしないか、リスク評価をしておかなければならない。特にクラウドやアプリケーションについて、中国由来の技術を低コストを売りに販売している日本企業もあるので、うっかり意図せず導入していないか、注意が必要だ。大手で有名な日本企業が販売しているからと安心せず、外国の影響の有無に関して使う側もインフラ事業者自らも導入するプロダクトの技術的評価（デューデリジェンス）を審査とは関係なく日常的に行ってもらいたい（この観点から将来、クラウド事業者が基幹インフラ事業者に指定される可能性が出てきている)。

　リスク軽減に向けた、使う側の事業者の主体的な姿勢も審査で求められている。審査では導入をしたい設備については企業自らがリスク評価をして、リスク管理措置を講じることが求められている。平素から特定重要設備に関するサプライチェーンの調査に努めるとともに、リスクが疑われる調達先の切り替えや代替先の確保を進めておくべきだろう。

　外部委託先についてもより管理を強化して契約で縛りをかけるだけでなく、第三者による監査なども活用しながら、より実質的で有効なリスク軽減策を講じていくことが重要となる(先程のクラウド利用が当てはまる)。

　当然、基幹インフラ事業者もサプライヤーも普段から継続的に規制動向やリスク情報の収集を続けることは必須となる。特に製品の脆弱性情報、制裁対象の更新は基本動作になるだろう。基幹インフラ事業者を中心にセキュリティ意識が高まり、セキュリティの取り組みが進むことが経済安保推進法の目的であり、効用だといえる。

　義務や責任という重たい話だけではなく、明るい面にもスポットを当てたい。これに伴い、安心・安全、信頼、セキュアな(保証された)国産品へのニーズも高まっていくとみられ、日本企業にとっては基幹インフラは義務や制約ではなくビジネスチャンスにもなりうることを強調しておきたい。

③の先端技術の官民開発プログラム（Kプロ）は、国家安全保障に影響しうる先端技術を特定重要技術として指定し、それらの研究開発と活用を促進することを目指している。中長期的な日本の戦略的優位性、不可欠性の確保につながる先端技術に対して政府がリスクを取って投資する、というものだ。

具体的には、JST（科学技術振興機構）とNEDO（新エネルギー・産業技術総合開発機構）に設けられた指定基金（総額5000億円）を通じた原則、複数年度の資金支援、産官学が一体の協議会による伴走支援、重要技術の調査研究を行う国主導のシンクタンクの設立の3本柱だ。

これらの支援策を通じて技術のシーズをスピーディにソリューションとして社会実装することが目指されている。社会実装は民生利用だけでなく政府による公的利用（主に防衛、防災などを想定か）も含まれる。

これまでに第1次研究開発ビジョンで27の個別技術が、第2次研究開発ビジョンで23の個別技術がKプロ対象技術として指定されている（図を参照）。

経済合理性だけでは見落とされがちな技術を掬《すく》い上げることも意識されている点は、素

注：　　は研究開発ビジョン（第二次）で新たに支援対象とする重要技術（23技術）
それ以外は研究開発ビジョン（第一次）で支援対象とする重要技術（27技術）

AI技術　量子技術　ロボット工学（無人機）　先端センサー技術　先端エネルギー技術

サイバー空間　　領域横断

領域をまたがるサイバー空間と現実空間の融合システムによる**安全・安心を確保する基盤の構築**

- AIセキュリティに係る知識・技術体系
- 不正機能検証技術（ファームウェア・ソフトウェア／ハードウェア）
- ハイブリッドクラウド利用基盤技術
- 先進的サイバー防御機能・分析能力の強化
  - サイバー空間の状況把握・防御技術
  - セキュアなデータ流通を支える暗号関連技術
- 偽情報分析に係る技術
- ノウハウの効果的な伝承につながる人作業伝達等の研究デジタル基盤技術

- ハイパワーを要するモビリティ等に搭載可能な次世代蓄電池技術
- 宇宙線ミュオンを用いた革新的測位・構造物イメージング等応用技術
- 多様なニーズに対応した複雑形状・高機能製品の先端製造技術
  - 高度な金属積層造形システム技術
  - 高効率・高品質なレーザー加工技術
- 省レアメタル高機能金属材料
  - 耐熱超合金の高性能化・省レアメタル化技術
  - 重希土フリー磁石の高耐熱・高磁力化技術
- 輸送機等の革新的な構造を実現する複合材料等の接着技術
- 次世代半導体材料・製造技術
  - 次世代半導体微細加工プロセス技術
  - 高出力・高効率なパワーデバイス／高周波デバイス向け材料技術
- 孤立・極限環境に適用可能な次世代蓄電池技術
- 多様な機器・システムへの応用を可能とする超伝導基盤技術

バイオ領域

感染症やテロ等、有事の際の**危機管理基盤の構築**

- 生体分子シークエンサー等の先端研究分析機器・技術
- 多様な物質の検知・識別を可能とする迅速・高精度なマルチガスセンシングシステム技術
- 有事に備えた止血製剤製造技術
- 脳波等を活用した高精度ブレインテックに関する先端技術

出典：内閣府ＨＰ
https://www8.cao.go.jp/cstp/anzen_anshin/sanko1.pdf

K Programにおいて支援対象とする重要技術

● K Programでは、民生利用のみならず公的利用につながる重要技術の実用化を強力に支援(**これまでに計5,000億円を措置**)。研究開発ビジョン(第一次、第二次)により、**50の重要技術**を特定。これまでに、**22技術に対して20件を採択・公表**(海洋：5技術3件、宇宙・航空：14技術11件、領域横断・サイバー空間：3技術6件)。

海洋領域

資源利用等の海洋権益の確保､海洋国家日本の平和と安定の維持、国民の生命・身体・財産の安全の確保に向けた**総合的な海洋の安全保障の確保**

■海洋観測・調査・モニタリング能力の拡大(より広範囲・機動的)
- 自律型無人探査機(AUV)の無人・省人による運搬・投入・回収技術
- AUV機体性能向上技術(小型化・軽量化)
- 量子技術等の最先端技術を用いた海中(非GPS環境)における高精度航法技術

■海洋観測・調査・モニタリング能力の拡大(常時継続的)
- 先進センシング技術を用いた海面から海底に至る空間の観測技術
- 観測データから有用な情報を抽出・解析し統合処理する技術
- 量子技術等の最先端技術を用いた海中における革新的センシング技術

■海洋観測・調査・モニタリング能力の拡大(通信網の確保)
- 海中作業の飛躍的な無人化・効率化を可能とする海中無線通信技術

■一般船舶の未活用情報の活用
- 現行の自動船舶識別システム(AIS)を高度化した次世代データ共有システム技術

■安定的な海上輸送の確保
- デジタル技術を用いた高性能次世代船舶開発技術
- 船舶の安定運航等に資する高解像度・高精度な環境変動予測技術

宇宙・航空領域

宇宙利用の優位を確保する**自立した宇宙利用大国**の実現、**安全で利便性の高い**航空輸送・航空機利用の発展

■衛星通信・センシング能力の抜本的な強化
- 低軌道衛星間光通信技術
- 自動・自律運用可能な衛星コンステレーション・ネットワークシステム技術
- 高性能小型衛星技術
- 小型かつ高感度の多波長赤外線センサー技術
- 高高度無人機を活用した高解像度かつ継続性のあるリモートセンシング技術
- 超高分解能常時観測を実現する光学アンテナ技術

■民生・公的利用における無人航空機の利活用拡大
- 長距離等の飛行を可能とする小型無人機技術
- 小型無人機を含む運航安全管理技術
- 小型無人機との信頼性の高い情報通信技術
- 長距離物資輸送用無人航空機技術

■優位性につながり得る無人航空機技術の開拓
- 小型無人機の自律制御・分散制御技術
- 空域の安全性を高める小型無人機等の検知技術
- 小型無人機の飛行経路の風況観測技術

■航空分野での先端的な優位技術の維持・確保
- デジタル技術を用いた航空機開発製造プロセス高度化技術
- 航空機エンジン向け先進材料技術(複合材製造技術)
- 超音速要素技術(低騒音機体設計技術)
- 極超音速要素技術(幅広い作動域を有するエンジン設計技術)

■機能保証のための能力強化
- 衛星の寿命延長に資する燃料補給技術

晴らしい視点だろう。産学官が参加する協議会形式による研究体制の下、機密情報も共有しながらおおむね5年程度で研究開発を、10年程度で社会実装にこぎ着けることがイメージされている。

なお、日本単独の技術開発だけでなく、国際連携も進めていくことが目指されている。その場合は守秘義務や機密情報の取り扱いが前提となることが予想され、後述するセキュリティ・クリアランス制度の活用も想定されてくる。

企業の視点から見たとき、Kプロへの応募にはメリットとデメリットがあり、それをどう捉えるかだろう。

自社単独開発では基本的には自前の開発費で賄うことになる。社会実装に時間がかかったり、開発リスクがあるチャレンジングな案件には社内リソースが配分されにくいこともあって資金や人員の確保に苦労することもあるだろう。開発体制が社内に限定されれば、外部の知見の取り込みにも限界が生じる。

他方で、Kプロでは産官学の多様なアクターの参画があり、社内だけでは得られにくい知見を反映させられるメリットがある。資金援助があるのも、特に財政基盤が弱いスタートアップ企業や中小企業にとっては魅力だ。大企業であっても長期的な基礎研究の優先順位は相対的に低くなる傾向があり、５年から10年というレンジの研究への投資を得られることはメリットだ。

他方で、Ｋプロの公募要領を見ていくと、気になる点もある。研究成果は公開が前提となっているが、「海外での懸念用途への転用が明確」などの場合は例外的に非公開にもできるとしているが、問題はその条件に協議会のメンバー全員の同意という高いハードルが課されている点だ。海外に広く公開されることで、５年や10年をかけて国費で開発された技術が懸念国によって悪用される（場合によっては日本への加害行為、侵略行為に使われる）可能性があっても、開発メンバーの中で一人でも反対がいれば、公開を阻止できないことになりかねない。

想像するに、公開を基本にしているのは自由で開かれた学術研究のプリンシプルによるものかもしれないが、他方で安全保障の領域はゼロサムの発想で、他国を出し抜いてでも自国の国益を最大化させようとする悲観主義、性悪説に彩られたリアリズムの世界だ。得られた学術的成果を広く公開して海外を含む外部とも共有することで、さらなる学術的発展を企図する楽観主義、性善説を前提とする考え方とは相容れない部分もあり、制度設計の背景にある設計思想や価値観と安全保障の実際との整合が今後、求められると感じる。

SC（セキュリティ・クリアランス）制度とは何か

今後、ビジネスパーソンにも関係してくる新たな経済安保のテーマは、セキュリティ・クリアランス制度だろう。

SC制度とは、政府が保有する経済安保上、重要な情報（＝重要経済安保情報）を扱うための資格を規定する制度だ。経済安保に関する重要情報にアクセスするための信頼性を身上調査を行って評価して認定。SC（セキュリティ・クリアランス＝取り扱い資格）を得た事業者とその従業員は、政府から重要情報の提供を受けたり、重要情報を扱ったりできるようになる。

現在、運用されている特定秘密は防衛、外交、特定有害活動、テロ防止の4分野に限定されていて、経済安保関連が対象外だという課題を受けてのものだ。

SC制度で保護されるべき重要経済安保情報（以下、重要情報）に指定されるのは、政府が保有するサイバー攻撃に対する対策、重要インフラの脆弱性情報、AIや量子技術など先端技術のサプライチェーンの脆弱性に関する情報、規制に関する情報、技術戦略や国際共同開発に関連する情報だ。指定の有効期間は5年間で、最大30年まで更新できる。

本人の同意を得て行われる身辺調査は配偶者、父母、子供、義理の両親、同居人、本人の犯罪歴、薬物使用歴、精神疾患の有無や飲酒態度に関する調査、信用情報に及ぶ。

秘密を漏らした場合の罰則は5年以下の拘禁刑か500万円以下の罰金で、法人も処罰の対象になる。

保護する情報がサイバーやインフラ、サプライチェーンなどに拡大していけば、おのずとそれらの情報を取り扱うSC資格者も政府関係者だけにとどまらず、民間企業の従業員に広がっていくことになるだろう。特に特定重要物資や基幹インフラ、特定重要技術などに関わる企業が想定される。

ちなみに特定秘密の取り扱い資格者は現在およそ13万人いるが、民間人の保有者は3％に過ぎない。SC制度の運用が始まれば日本では今後、数千人単位で保有者が増加すると見込まれている。

事業機会の創出という側面も

ＳＣ法案の文言を読むと、ＳＣ制度には２つの側面が見えてくる。インフラやサプライチェーンを守るために情報を保全する守りの要素と、民間企業が先端技術領域で国際共同開発などに参画できる環境、条件を整えるため、つまりビジネスを生み出すための攻めの要素だ。

前者は、重要インフラを他国からの干渉や攻撃の影響を受けないようにする意味では戦略的自律性の確保を目指すものといえ、後者は日本の先端技術における優位性、不可欠性を確保することを目指すものだといえる。

何が言いたいかというと、ＳＣ制度は一見、情報を守るための負担や制約だと見られがちだが、それだけではなく事業機会の創出の可能性という側面があることも忘れてはならないことだ。

国際共同開発プロジェクトへの参画が可能になるという文脈でみれば、企業が制度への参画コストを負担した先には、世界における先端技術開発プロジェクトへの参画資格というチケットが手に入ることだとも言える。今後、ＡＩや量子技術、宇宙といった機微情報を扱う前提の先端技術の国際協力や共同開発に日本の企業が入っていくには、ＳＣはいわば当然持っていなければならないエントリーチケットや運転免許のようなものになるだろう。

まずは日本のＳＣ制度が米国をはじめ、諸外国のＳＣ制度と同等性があると認められることが大前提となる。当然ながら、日本企業がたとえば米国のＳＣを取得するわけではない。日本企業が取得するのは日本のＳＣであり、その日本のＳＣが米国のそれと同等だと米国政府によって認定されてはじめて、米国におけるＳＣ保有を資格条件とする国際共同開発プロジェクトなどにエントリー（応募）する資格、つまり「運転免許」を得られることになる。

もちろん、運転免許を持っていることだけでは価値を生み出さない。重要なのは運転免許の取得という負担（とそれに伴う義務）を負って何をするか、だ。運転免許を使ってどこにドライブに行くのか、乗用車やトラックを運転してどんな価値を生み出せるのかが問われている、と言い換えてもいいだろう。

日本の特定企業を「推し活」せよ

ＳＣ制度が発足したあとの次のステップとしては、ＩＳＡ（Industrial Security Agreement）と呼ばれる、防衛産業や宇宙産業の企業同士が国家機密に指定されている技術情報を交換、共有する枠組みに進めるかどうかが焦点となる。

ＳＣを持っているだけでは、国際共同開発には十分ではない。ＩＳＡを締結してから、ＳＣ制度を持つ国の企業同士が機密情報を共有しながら協業や分業ができるようになる。米国はすでに米印でＩＳＡを締結済みで、両国の防衛産業で機密情報を共有できる枠組みを整備している。今後、両国間で防衛装備品の共同開発やインテリジェンス情報の共有が企業レベルでも進んでいくだろう。

日本では米国、英国、豪州で構成されるＡＵＫＵＳによる先端技術の共同開発プログラムへの参加が取り沙汰されているが、日本がＡＵＫＵＳに参画するうえで、ＩＳＡの締結やＳＣ制度の相互運用性は重要な論点になってくるだろう。

ＳＣ制度が日本でも整備されることで、同盟国や友好国のＳＣ制度との相互運用性が確保されれば、制度として日本の企業も海外の政府や企業同士が共有し合っているのと同等の情報の提供を受けられる環境が整う重要な一歩となりうる。ＳＣがなければ、日本企業は競争の入り口に立つこともできない。

一方で、ＳＣ制度や機密情報の保全体制が整うことがファイブ・アイズと呼ばれるアングロサクソン諜報同盟への参画の道につながることを期待する議論があるが、ＳＣやＩＳＡが整備されたからといって日本が直ちにファイブ・アイズのメンバーと同等の扱いを受けたり、彼らと同等の情報共有を受けたりできるようになると期待するのは禁物だ。

そもそも、ファイブ・アイズはアングロサクソン諸国が通信傍受や秘密工作を共同で行う諜報同盟であり、非合法な工作も含めて諜報活動を行う能力と実行意思があることが大前提となる（ファイブ・アイズ諸国は、平素から非合法な暗殺作戦や諜報工作でも協力しているとされる。いわば汗を一緒に流し、場合によっては血も一緒に流す関係だからこそ機密情報や機微情報を共有し、排他的にメンバー国で政治、軍事、経済、諜報の領域で助け合っている実態がある。日本国内の一部では日本をファイブ・アイズのメンバーに、という議論を耳にするが、利益の享受には重たい負担と覚悟が必要とされ、日本にそれを担う覚悟があるのか、という冷厳な問いに向き合う必要がある）。

もちろん、機密情報の保全体制が構築されることは情報提供を受けられる可能性を高めてくれるが、SCや保全体制が整ったからといって機微情報が流れてくるわけではない。情報が流れる蛇口の開け閉めはひとえに戦略的判断に基づいて行われる現実も踏まえなければならない。

つまり日本という国、日本企業が持つ技術力に、どれだけの戦略的価値を見出してくれるか、それを日本政府や日本企業がしっかり示していけるかどうかにかかっている。ハードルはまだまだ残されているものの、日本企業にとってSCは単なるコストや義務ではなく事業チャンスにつながりうるものだ。このSCを事業機会へと転換させるためには、国内ビジネスだけを前提とした発想ではなく、グローバルの枠組みで自社が果たせる役割と価値は何かを追求する大胆な構想力が企業に求められることになる。

そのためには、政府と企業が両輪で取り組んでいく必要がある。日本企業が持つプロダクトや技術を世界や同盟国に知ってもらうには、企業努力に加えて政府のバックアップが不可欠だからだ。海外各国は、国のトップ自らが自国企業の売り込みのためにセールスを展開している。ややもすると日本政府には特定の企業だけを優遇することを忌避する平等主義の傾向があるが、今後は場合によっては特定企業だけを強く相手国に売り込むケースもあってもいいのではないだろうか。ＳＣ制度が活用される国際共同開発プロジェクトが成就していくためにも、日本政府には海外で日本の特定企業をどんどん「推し活」していってもらいたい。

ＳＣ制度の課題――最下位の機密情報にしか対応していない

一方で今後、議論が必要な点も残されている。

まず今回、新設されたＳＣ制度では低いレベルの機微情報しか保護対象になっていない、という点だ。

すでに運用されている特定秘密では、海外でいうところの Top Secret と Secret に対応しているが（特定秘密は Top Secret と Secret を区別しない単一階層）、このＳＣ制度では対象が Confidential レベルの情報だけとなる。Confidential は Top Secret、Secret に次ぐ3番目（つまり最も下位）の機密区分であり、新設されるＳＣ制度は最下位の機密区分の情報にしか対応していないことになる。

今回、新設された「重要経済安保情報」に関するＳＣと既存の特定秘密は今後、国内では一体的に運用されていく見込みだが、実際の運用がどうなっていくのか、国際共同開発など海外での運用がどうなるのか、今後の課題となる。

これでは、たとえば米国での先端ＡＩの国際共同開発がSecretレベルの取り扱い資格を持っていることを要件としていた場合、重要経済安保情報のＳＣだけしか保有していない日本企業は参画の余地がないことになってしまう。Confidentialレベルの取り扱い資格しか求めない国際プロジェクトで、真にゲームチェンジングで画期的な先端技術を取り扱うものがあるのか、Confidentialレベルだけで先端技術の国際プロジェクトへの参画資格として過不足ないのかどうか、筆者には確信を持って断定する材料がない。

だが、取り扱う技術の機微度（先進度）が高ければ高いほど、求められるＳＣのレベルも高くなっていくと考えるのが自然だろう。そのような先進的な国際プロジェクトへの参画機会を日本企業が逸し、せっかく創設したＳＣ制度を最大限、有効活用できないことになってしまうとすれば、もったいないことだ。

サイバー攻撃の手口やサイバー攻撃に悪用されるシステムの脆弱性に関する情報が米国政府から日本政府に提供されたケースでも、それがSecretレベルの情報であったら、いくら日本の基幹インフラ事業者のサイバーセキュリティ担当者がＳＣを持っていても、

Secretに対応した特定秘密取り扱い資格を持っていなければ、やはり米国からの脆弱性情報の提供は受けられないのだろうか。

そのような懸念がないように、将来的には特定秘密と統合し、Top Secret、Secret、Confidentialの複層構造の制度に変換して諸外国との相互運用性、同等性を整えていく必要があるのではないだろうか。

企業の情報から保護対象の特定を

第2の課題は、保護対象となっている情報が政府が保有する情報に限定されていて、企業が保有する情報は対象外となっていることだ。

日本の国家安全保障上、クリティカルといえる先端技術情報を企業や大学などが抱えているケースもあるはずだ。それらの技術情報や先端的なプロダクトの生産加工技術の情報などは本来、日本の経済安保上、保護されるべきであるにもかかわらず、現行の特定秘密の保護対象にもならず、今回のSCでも対象外になったまま、個々の企業や大学がそれぞれバラバラなやり方や基準で保全されるのに任せている状態になっている。

まずは企業や大学などが持っているそれらの情報の中から、真に国家として保護の対象とすべきものを特定、指定して、ＳＣ（あるいは特定秘密）という国による統一されたセキュリティ基準のもとで保護されるようにするべきだろう。

その際、Confidentialに相当するものだけでなく、それ以下のいわゆるＣＵＩ(Controlled Unclassified Information) と呼ばれる、機密指定するほどの機微度はないものの厳格な管理が求められる情報も保護対象に含むかどうか、検討してもいいだろう。

ＣＵＩは政府が保有しているものと企業が保有しているものとがある。筆者が気になっているのは、企業が保有しているＣＵＩに相当するような情報で、日本の安全保障や産業基盤に影響する内容であるにもかかわらず、公的な情報保全システムの傘の外にあって、個社ごとの漏洩対策だけに委ねられてしまっているケースだ。たとえば設計、建設を請け負った企業が持っている原発や政府機関建物など重要施設の設計図などがその典型例で、いずれも機密指定されず、特定秘密にも経済安保ＳＣにも指定されていないことが多い。

もちろん、これらの作業は言うは易しで、ハードルが高いことも確かだ。

まず各企業において何がＣＵＩに相当するのか、という仕分け作業、分類作業が必須になる。分類にはＮＩＳＴ（アメリカ国立標準技術研究所）が定めるものに加えて日本としての独自の基準が必要になるが、基準を定めるには流出した際の国家安全保障や産業基盤への影響度や深刻度といった根拠を導き出さなければならない。

これは厳密には機密情報区分に該当しないＣＵＩだけでなく、Top Secret や Secret つまり特定秘密に該当する技術情報を将来、特定して保護、育成していくケースでも必要となるプロセスだ。

何が守るべき技術（あるいは情報）なのかを特定、指定する作業においては、理論的にはどのような技術がどのようなシナリオで日本の安全保障を損ないかねないのか、という根本的な分析評価にまで立ち入る必要が出てくるかもしれず、その場合の行政、企業（大学）双方の事務コスト、知的コストは膨大になってしまう（個人的には日本が育成、保護すべき技術をシナリオベースで特定する作業は知的好奇心を刺激されるもので、官民横断で取り組む意義はあると思うが）。

何が保全すべき重要情報に該当するのかを特定する対象を基幹インフラ事業者、特定重要物資を取り扱う事業者、防衛事業を抱える事業者、先端技術を取り扱うスタートアップ、中小企業、大学だけに絞ったとしても、その範囲は非常に広い。それら全ての企業、団体が持つ技術を審査して評価、分類、指定する作業コストは考えるだけで気が遠くなる。

その際、気をつけなければいけないのは、有識者会議の最終報告書も指摘しているように過剰規制になってしまわないかどうかだ。国が一方的に規制を課すことは民間活力や自由な研究活動を阻害してしまう懸念がある。安全保障を理由に恣意的あるいは過度な運用をして、逆に学術的な研究や自由で活力ある研究開発が阻害されてしまっては元も子もない。

結局、国家安全保障の基盤は自由なイノベーションと活力ある経済活動がもたらす富、技術力、経済力なのだから、それを殺してしまっては意味がない。規制と自由な研究開発をバランスさせながら、CUIも含めて民間保有の技術にまでSC（あるいは特定秘密）の指定対象を広げることは国家的な重要課題ではあるが、その実行は決して容易ではないこともまた事実だ。

容易ならざる最大の理由は前述の通り、小手先の制度の改良ではなく、どうやって技術を使って日本の安全保障を確保するのか、日本が技術を使ってどのような自国にとって好ましい状況をつくり出したいのか、という根本的な議論を避けて通れなくなるからだ。

つまり、日本にとって必要で保護すべき技術とは何か、そしてなぜそれらの技術は保護すべき重要情報に該当するのか、保護すべき技術をどう使うのか、それがどう使われると、どのような好ましい戦略環境をつくり出すことにつながるのか、という根本的な議論だ。

国費を投入して国家として保護すべき民間の技術や情報を指定するからには、国家の戦略に基づいた根拠が必要になるだろう。

企業の視点から見たSC制度——コスト負担と「信頼の証」

最後に、企業側の視点で見たときのSC制度の可能性について考えてみたい。企業にとってSC制度は導入コストがある一方、SC制度を「信頼の証」としてブランド化させたり、国際共同事業に発展させたりといったビジネスのポテンシャルがあることを強調したい。

事業者に対するクリアランスには、個人に対するPCL（Personal Security Clearance）と、事業者そのものに対するFCL（Facility Security Clearance）がある。

前者は前述の通りで、後者は情報を物理的に保全する施設の適格性が評価され、事業者そのものがクリアランス取得の資格があるか、その属性や組織の適格性が審査される。FCLはすでに既存の特定秘密保護法の制度でも運用されており、たとえば特定秘密を取り扱う企業の施設がセキュリティ上の基準に適合しているか、定期的に所管官庁のチェックが入る。適合を維持するために、企業側の設備投資が継続的に発生することになる。

米国では、FCLの要件の1つとして企業のCEOや取締役議長にもPCLの取得が要求される例もあり、日米のSCの相互運用性の整備にあたって同様の措置が日本の経営幹部に求められるかどうかが大きな焦点となりうる。

このように、SC制度とはPCL、FCLの両方で企業にとって導入、維持のコスト負担を意味する。

PCLの運用では人事政策上、労務管理上のコストも無視できない。SC制度を企業内で運用する際には、プライバシーへの配慮や本人の自由意思に基づく調査への同意の取り付けなど、プロセスには細心の注意と配慮を必要とする。身上調査を受けることへの不同意や調査の結果、SC取得が認められなかった場合でも、不合理な配置転換など不利益な取り扱いを受けることがないようにしなければならない。丁寧な手順を踏むといった最大限の配慮と注意が求められることは言うまでもない。

このように、無視できないコスト負担を強いる側面があるからこそ、SC制度の持続的運用には「義務と機会」がバランスするストーリー、つまりSCはコストや義務だけではなく、事業機会につながるメリットもあるというナラティブ（物語）が不可欠となる。

たとえば米国では、民間人を含めて300万人のSC保持者がいるが、米軍人や外交官と転職やリタイア後の話題が出ると、しばしば耳にしたのは「私はハイレベルのクリアランスを持っているから退職後も仕事には困らない」という発言だ。LinkedInなどでもトップシークレットへのアクセス権限がある、といったアピールをしている現役の政府職員もいる。

逆に、まだキャリアが浅い若手のシンクタンク職員などからは「クリアランスを持っていないので機密度が高く、やりがいがあり、実績になるようなプロジェクトに就けない」とこぼすのをよく聞いた。

米国ではSCの取得の時間的、経済的コストが高いため、SC保持者であれば採用側の企業はそのコスト負担を省けるため採用インセンティブが高まる一方、SC未保持者の場合は採用コストが上がるため、敬遠されて不利になりがちという構図があるのだという。

このように米国では、SC資格を持っていること自体が法人、個人にとって「信頼の証」であり、ＳＣという資格そのものが市場価値を生み出している。日本でも今後、ＳＣ保持の市場価値が認められ、それが人材の流動性や高待遇につながるというエコシステムが形成されれば、ＳＣ制度がポジティブな文脈で社会に定着していくきっかけになるのではないだろうか。

夢のあるストーリーに紐づける

サイバーセキュリティの分野では、米国政府などから提供を受けたマルウェアの脅威情報といった価値のある高度な情報に接するために、ＳＣ保持が前提になっていくだろう。ＳＣが高度人材の証になっていけば、サイバーセキュリティ需要が高い基幹インフラをはじめとして各業界から高待遇で引っ張りだこ、という流れがそう遠くないうちにやってくると筆者は見ている。

日本のＳＣ制度では今後、有資格者（保有者）が対外的に資格保有の事実を明らかにすることは厳密には妨げられていないものの、企業が営業目的で外に対して広くＳＣ保有の事実を喧伝しない運用が想定されている。スパイのターゲットにされる恐れを低減させる諜報工作対策上の理由があると推測されるが、ＳＣによる経済エコシステムの形成というメリットもあるので、バランスある柔軟な対応を求めたい。

経済安保を、個人にとっても法人にとっても夢のあるストーリーに紐づけていければ、日本の産業の活性化につながり、ひいては安全保障にもプラスになる好循環となっていくと期待したい。経済安保に今、求められているのはそうした発想とストーリーだ。

第2章

攻めの経済安全保障へ

日本の繁栄と安全に貢献するパブリックマインド

安全保障とは国家にとって至高の目的であり、利益であり、優先順位の最上位に来るものだ。それに対して企業が抗える余地は少ないのが現実だ。結局、最後に強制力のあるルール設定ができるのは政府の側だからだ。

であれば企業の側は発想を変えて、後述するように攻めに転じて経済安保を事業機会に結びつける発想をして動いたほうが賢いといえる。

身も蓋もない言い方になってしまうが、企業の側は適応力を発揮して経済安全保障というものと上手に付き合い、柔軟に、強《したた》かに活用していくべきだ。

そして何より、経済安保をきっかけに企業もこれまで以上にパブリックマインドを持って、日本の繁栄と安全に貢献する視点を経営に取り入れる機会にしてほしいと筆者は思う。

どんなにグローバル化、多国籍化しようとも、日本に由来する企業である以上、日本が安全で安定した環境にあることで事業が遂行できている現実がある。経済効率や儲けだけでなく、日本の安定に投資する、貢献するという発想も取り入れて経済安保にコミットしていきたいものだ（もちろん政府にもきちんと意見を伝え、必要に応じて提案することも大事だ）。

前述の通り、経済安保とは経済合理性と安全保障のバランス、均衡点を見出し、経営に反映させる営みであるが、言い換えればそれはビジネスマインドとパブリックマインドのバランスともいえる。経済効率やビジネスマインド一辺倒だけでは世界を見通せなくなっている時代背景をきっかけに、経営にもパブリックマインドが取り入れられていくことが日本の経済安保の成功のカギを握ると筆者は思う。

本章では、こうした問題意識をベースに、企業が経済安全保障を単なるコンプライアンスだけではなく、事業機会へのチャンスに転換させる「攻めの経済安保」のあり方について考えていきたい。

安全保障に対する一部の忌避感

筆者自身、少々驚いたが、ビジネスセクターのなかで安全保障という視点への距離感、場合によっては忌避感のようなものが少なからず聞こえることも事実だ。業界や職種にもよるが、さまざまな業界の人と話をしていると、聞こえてくるのが「お上」に対する距離感、安全保障（あるいは軍事利用）に対する拒否感だ。

筆者はかつて、放送局の政治記者として20年以上、国内政治と安全保障を追いかけてきた。日本社会において軍事や安全保障に対する忌避が長年あって、少なからず大学や研究機関でもそうした傾向が色濃く残っていることは耳にしていたが、グローバルに事業を展開している企業の一部にも、特に技術職を中心に「自分の技術が自衛隊やアメリカ軍に使われることは嫌だ」という声が根強くあることは意外であった。

あるメーカーの幹部によれば「技術を究めたい」と入社したシニアの技術者で特に顕著な傾向なのだという。別のメーカーの担当者は「技術の現場は自由に開発をやりたいというマインドの人が多く、本社やお上からいろいろ言われることを嫌う風潮もある」と指摘する。

「安全保障とは関わらない」では済まされない

　他方で、日本が置かれている安全保障環境は「戦後で最も厳しく複雑」(「国家安全保障戦略」２０２２年12月）なものだ。日本企業は日本の環境が安定しているからこそ事業を継続できている。逆に言えば、日本や周辺のインド太平洋の安定が損なわれれば、事業基盤は根底から揺らぐことになりかねない。日本の安全保障は経営戦略上の重要課題であり、台湾有事や中国の台頭などを踏まえれば、「安全保障とは関わらない」では済まされない時代になっている。

　さらに先端技術が軍民両用のデュアルユースとなっている実態を考えれば、安全保障や軍事利用と距離を置くことの意味は曖昧になってきている。ＡＩ、半導体、量子コンピュータ、センサー、衛星、５Ｇ、ロケット技術（＝ミサイル技術）、衛星の誘導技術（＝ミサイル誘導技術）、ＶＲ（仮想現実）・ＡＲ（拡張現実）などの映像技術、高性能カメラ、エンジンなどはすべて民生用にも軍事用にも応用可能だ。先端技術は民生用と軍事用が表裏一体で、これは民生用だと売り出しても軍事転用されている実態は多くある。

　デュアルユース技術は、自社が想定しなかった思わぬ使い方をすると、セキュリティや防衛分野で思わぬソリューションになるといった効用もあるだけに、せっかくある技術の活用が進んでいないとすればもったいない。

その一方で、若い世代を中心に変化が出ていることも事実だ。

これまで「安全保障には関わらない」という姿勢だったという、とある製造業の企業。防衛省からの技術提供の打診も過去、何度も断ってきたという。納品をする場合もそれが殺傷目的に本当に使用されないか、社内で徹底的に検証して出荷するほどだったという。そんな企業の中でも、最近は「どこかで使われてしまうなら、正しい主体に正しく使ってもらいたい。そしてそれが事業になれば、なおよいではないか」という議論が始まっているという。

筆者は企業から民生技術をどう防衛分野に応用できるか、という相談を受けることが多いが、その中で感じるのは、特に若い世代やスタートアップ企業には安全保障に対する抵抗感はほぼないことだ。「日本が安全であるおかげで健全なビジネス活動ができているのだから、自社の技術を日本の安全保障に活用してもいいのではないか」という感覚で新たな模索が始まりつつある。

経済安保の時代はこれからも続く

経済安保は、乱暴に単純化してしまえば米中対立の産物といえる（もちろんウクライナ侵攻によるロシア制裁への対応も重要な要素ではあるが）。2024年春の時点で専門家と話をしていると、その米中対立は長期化が避けられないという点でほぼ一致する。米中の戦略競争はそれぞれの国の政策や政治構造に織り込まれて制度化されており、もはや個人の指導者レベルで解決できるレベルを超えている。

米国を見ると、議会において対中強硬路線はすっかり定着してしまっており、時に穏健な対応をとろうとする行政府が議会の強硬路線に引っ張られることすらある。連邦議員たちの行動は有権者たちのムードを敏感に受け止めた結果だ。分断と対立が言われて久しい米国政治だが、対中強硬路線は超党派で一致できる数少ないテーマとなってしまっている。

一方、中国のほうも米国の強硬路線を中国の台頭と発展を抑えこもうとする試みだと不信感を持っており（ある意味、それは正しい）、摩擦や対立を覚悟して戦略的に米国に対抗しようとしている。特に米中の火種である台湾問題は中国の民族としての悲願であるとともに、共産党統治の正統性や習近平体制の根幹にも直結している側面もあり、中国にとっては妥協の余地がない核心的利益だ。もし将来、米中で戦争が起きるとすれば、この台湾をめぐってであろう。

　米国から見れば、台湾は中国の海洋進出や軍事力を背景にした中国の影響力拡大に対する防波堤の役割を果たしてくれている。台湾を統一すれば中国は太平洋へのアクセスを獲得することになり、その勢力圏に同盟国の日本や韓国も入ってしまいかねない。そうなれば米国主導のアジアの秩序が塗り替えられることになり、米国は絶対に容認できない（この台湾問題が持つ軍事的、戦略的意味、そして日本への影響については別の機会に詳しく執筆したい）。

　そこにＡＩや半導体、宇宙、５Ｇ、蓄電池といった軍事、経済での優位性を左右する先端技術をめぐる競争が覇権争いに直結している構図が重なり、米中の対立と競争は安全保障や諜報の分野だけでなく経済にも拡大して、経済と安保の境界が曖昧になっている。それを体現しているのが経済安保だ。

　対立と競争の舞台が経済と安保の両方にまたがり、そして争われている利益もアジアにおける覇権的地位である以上、米中どちらも譲る余地は少ない。そのため、米中対立は今後も10年、15年単位で続くという前提で企業は経営戦略を考えるべきだろう。

トランプ氏の恐ろしい承認欲求

米中対立リスクが長期化するとすれば、ハイテク分野での米中デカップリング、それぞれの陣営での技術や供給網の囲い込みの流れは加速するだろう。欧州をはじめ日米では最近、「デカップリングではなく、デリスキング（リスク低減）だ」と対立的トーンを落とそうと腐心する傾向があるが、半導体などビジネス、軍事での優位性を左右する先端技術や物資は覇権争いの帰趨《きすう》に直結するだけに、米国は国益に基づいて必要であればデカップリングを続けると考えるべきだろう。先端半導体（直近では汎用半導体にも対立は拡大してきているので注意が必要）の分野では経済圏や供給網の切り離し、つまりデカップリングが実態だという状況認識で企業は臨むべきであろう。

一部の先端領域での鋭い対立（デカップリング）がある状況下では、企業が米中の規制に引っかかるリスクはますます強まっていく。また先端技術分野で「米中のどちらを取るのか」という踏み絵を踏むことが求められるようなことも続いていく、と考えないといけない。米中どちらにもエクスポージャー（リスクに晒されている度合）がある企業にとっては経済安保の動向を見ながらのバランス感覚が求められるし、中国依存の企業にとっては究極的には有事における工場や技術の接収リスクすら想定した中国リスクと向き合い続けなければならない。

もし、こうした流れを激変させるワイルドカードがあるとすれば、それは第2次トランプ政権の誕生だろう。トランプ前大統領の政策に関する予測は各種の報道やシンクタンクのレポートに譲りたいが、仮にトランプ氏の再登板が実現した場合、当初の大きな方向感として基本は対中強硬路線が維持されると見られるが、それもトランプ氏の個人的、政治的利得や自己承認欲求がうごめいて出たときには一変する可能性がある。

たとえば「習近平主席とディールができる」という自己承認欲求を誇示したくなったケースは特に要注意だ。再選がない登板となれば、有権者の反応を気にせず、自由に政権運営ができることになる。これはある意味、恐ろしいことだともいえる。そうでなくてもトランプ氏はプーチン大統領や習近平主席といった力強い独裁者タイプの指導者への親近感を隠そうとしない傾向がある。個人的本能や承認欲求で米中融和を演出する展開は日本企業としても警戒しておきたい。

対中融和路線に転換する展開も

次に懸念されるのは、政治的打算に基づいてトランプ氏が従来の政策や路線をいとも簡単にひっくり返すパターンだ。１次政権時にそれを押し留めたマティス、マクマスター、ティラーソン、コーツといった「大人」と呼ばれる忠言する勇気を持った専門家は、もう周りにはいない。

すでに、その前兆はTikTokに関する規制論議でも表れている。中国のバイトダンス社が運営するTikTokは後述する通り、米の情報機関やＦＢＩ（米連邦捜査局）が影響工作やセキュリティ上の懸念を表明している。米議会が禁止法案をすでに可決させて法律として成立している。トランプ政権１期目も当時、TikTokを問題視して米オラクルへの売却を要求した経緯がある。

１期目であれほど問題視していたにもかかわらず、今のトランプ氏のTikTokへの姿勢はなぜか融和的だ。これには政策論ではなく、トランプ前大統領の政治的個人的事情が優先されているとの見方がもっぱらだ。米オンラインメディアのAxiosの報道によれば、

TikTokが禁止されると、相対的にトランプ氏が敵視するメタを利するとして、トランプ氏はTikTokの全面禁止に消極姿勢を見せているという。

また、トランプ前大統領の大口献金者がTikTokに巨額の投資をしていることも、もう1つの理由だとされている。政策論ではなく、完全に個人的事情の優先だ。

こんな調子で個人的事情や信念が戦略論や政策論よりも優先されることが続けば、今の対中強硬路線が一転して対中融和路線に転換する展開も、あながち絵空事とは思えなくなってくる。米国の制裁を警戒してエンティティ・リストに載っている中国企業との取引がないよう真面目に細心の注意を払っていたら、ある日、米中が和解してエンティティ・リストが真っ白になっていた、なんていう展開も決してありえなくはない、と筆者は見ている。そうなれば経済安保で米国と歩調を合わせる努力を続けている日本政府や日本企業にとっては究極のハシゴ外しといえるだろう（とはいえ、トランプ2・0はどうやっても4年間だけであり、一時的に対中融和になっても、トランプ以降は対中強硬路線に戻る可能性は高いかもしれない）。

仮にトランプ政権2期目があるとすれば、基本は対中強硬が基調ではあろうが、少なからずワイルドカードによるサプライズもありうる。日本政府も日本企業も気が抜けない。

もちろんトランプ氏が大統領選挙の本選において選挙を左右する無党派層を獲得するにはまだまだハードルがあり、「もしトラ」への道は決して平坦ではない。

ただ、仮にトランプ２・０となれば、それは日本企業にとって最大級の地政学リスクとなることは間違いない。対中政策の急転回も含めて政策的ボラティリティ（変動性）は非常に大きい４年間になると見て、日本企業は経済安保のアンテナをますます高くする必要がある。

「守りの経済安全保障」と「攻めの経済安全保障」

すでに賢明なる読者の方はお気づきだと思うが、突き詰めると企業にとって経済安保リスクとは「中国市場との向き合い方」に収斂できる側面が強い。中国市場への依存度が地政学リスクへの敏感度や許容度を決めるといっても過言ではない（もちろん米国の規制や制裁も怖いが）。

中国への依存比率を下げて、米やインドなど他のマーケットに主軸を見出す「攻め」をするのか、中国リスクを管理しながら中国マーケット、中国リスクと付き合い続ける「守り」を固めるのか、そして、米中どちらからも信頼を得て米中両方のマーケットでビジネスを両立させるのか、主に3つの経済安全保障アプローチがある。

米中の規制の動向にしっかりとアンテナを張り巡らせて規制違反に問われないことに傾注するのは、「守りの経済安保」アプローチだ。中国依存度が高い企業、事業構造上、脱中国が容易ではない企業、逆張りで中国市場を開拓したい企業、米中双方のマーケットを両立させたい企業がこれに該当するだろう。実際「米中どっちかだけを選ぶことはできない」というのが多くの日本企業の本音ではないだろうか。

守りは対中国だけではない。米国の規制も突然かかってくる。せっかく開発費をかけて中国市場向けに売り出しても製品が米国の対中規制の対象となってしまい、事業計画が根本から狂ってしまう――。そんな米国リスクにも備えなければいけない。まさに米中対立の狭間で翻弄される構図だ。

こうした経済安保の基本構図を踏まえて、今多くの日本企業がバランス型で米中どちらの規制にも対応すべく「守り」をしっかり固めつつある。

一方で、あえて中国市場にチャレンジする企業もある。たとえば『日本経済新聞（電子版）』（2023年11月6日）によれば、ニコンは日米の対中半導体規制への対応という守りを固めながら、規制対象外の汎用品で中国市場を開拓しようとしている。先端半導体における対中規制が厳しくなり、規制リスクや中国特有のリスクがあるなかで、あえて中国市場を攻める逆張りの発想といえる。

欧米企業は強かに中国マーケットを攻めており、日本企業も過度に地政学リスクに萎縮せず、中国も含めて生存空間を広げていく努力を進めていくのは事業上、当然の動きだろう（経済安保を過剰に捉えて萎縮して成長機会を逸失しては、企業として元も子もない。個社ごとの事業構造に応じた経済安保の攻めと守りがあっていい、というのが本書の基本的立場であることを付言しておきたい）。

一方で、中国の規制やその運用基準の不透明さ、予見可能性の低さはますます顕在化していて、改善の兆しは現時点で見られないのも事実だ。中国リスクは軽減策は取れても、なくすことはできない。そうなると、「守りの経済安保」はリスクと共存し続ける長く苦しいものになり、社として経済安保機能や人材、体制構築に継続的にリソースを投下することが経営課題になっていく。

逆に中国マーケットに依存しない企業、脱中国やチャイナプラスワンを志向できる余地がある企業にとっては「攻めの安全保障」ができるチャンスが訪れようとしている。

事業機会につなげる「攻めの経済安全保障」

筆者はかねがね、経済安保を輸出管理や規制対応やコンプライアンスの問題として捉えるだけでは、もったいないと感じている。もちろん守りも大切だが、こちらに主導権もなく、状況に対して耐え忍ぶだけの守り一辺倒では辛いし、そもそも仕事としても楽しくない。

本書で訴えたいのは、企業として経済安保と向き合わなければいけないのであれば、日本の経済安保を事業機会につなげる「攻めの経済安保」の発想で捉えることだ。せっかく対応するのであれば、経済安保を制約やコストとしてネガティブに捉えるのではなく、事業機会に変換させる発想でアプローチするほうが賢い（もちろん事業構造上、守りの経済安保に徹する企業もあるだろう。その場合は、事業を「助けるため」の経済安保という発想でアプローチしていいだろう）。

事業機会といったときに経済安保推進法におけるKプロや特定重要物資、あるいはクラウドや半導体などの先端技術にまつわる国からの助成金や補助金を獲得するということがまず挙げられる。そうした機会は会社のバランスシートへのポジティブなインパクトとなるだけでなく、国の支援という信用やブランドの向上にもつながる。特に、まだ事業基盤を確立していないスタートアップにとっては、こうした事業上の効用は大きいだろう。

補助金や助成金を取りに行くほかに、もう1つの「攻めの経済安保」としてあるのは、海外戦略に経済安保や地政学リスク判断を活かすというやり方だ。地政学リスクを踏まえて、中国企業との激しい競争がないマーケットはどこか、経済安保の観点から日本企業が有利に事業展開できるのは、どの国や地域のマーケットなのか、という視点を経営戦略に反映させる「攻めの経済安保」である。

実際、地政学リスクを受けて日本企業、欧米企業の間では、中国依存度を低下させる試みが静かに進められている。

そうなると、自然と日本企業が眼を向けるべきは米国市場を中心とする民主主義陣営のマーケットとなる。対中依存度が高い企業は中国政府からの嫌がらせを懸念して、表立って米国シフトや民主主義陣営というブランディングを前面に打ち出すことを躊躇《ためら》っているが、中国市場への依存度が高くない、あるいは最終的に撤退も選択肢に入れられるハイテク分野の企業にとってはチャンスだ。なぜなら、米国をはじめとする民主主義陣営がハイテク分野で中国製品の排除を進めており、日本企業にはそれをビジネスチャンスにつなげる「攻めの経済安保」の可能性が開けてくるからだ。

米政府がライバルの中国企業を排除してくれる

米国政府は先端半導体で製造装置、技術、人材などの輸出を事実上、禁止しているほか、次世代通信規格5Gについても、世界的シェアを握る中国のファーウェイを排除している。通信機器や監視カメラの分野でもZTEなど中国5社の製品の販売を事実上、禁止している。

日本企業からすれば、米国政府が最大のライバルの中国企業を排除して市場シェア開拓の余地を作ってくれているようなものだ。しかも米国のみならず、いわゆるファイブ・アイズと呼ばれるアングロサクソン諜報同盟の国々もこれに追従し、少し遅れて日本、台湾（今後、場合によってはインド）も後追いするという構図が定着しつつあり、潜在マーケットは米国と安全保障面で同調する民主主義陣営に及ぶ。

たとえば監視カメラの領域でいえば、中国メーカーの国内販売を事実上、禁止した米国の動きに呼応する形で豪州も中国のハイクビジョンなど2社の監視カメラを国防関連施設から排除することを決めたほか、英政府も主要政府施設での使用を禁止している。政府施設での運用禁止の流れは、基幹インフラや重要防護施設などにも広がっていく可能性がある。こうしたトレンドを注視しながら事業機会を窺うことも「攻めの経済安保」だ。

米国は中国への技術移転も止めようとしている。バイデン政権は監視カメラや画像認識技術が中国などに渡らないようにする輸出規制の多国間枠組みを発足させ、米、豪、デンマーク、ノルウェーが参加している。今後、カナダ、フランス、オランダ、イギリスが参加する見込みで、これらの国の企業は中国に監視カメラを輸出することが困難になるものと見られる。

こうなると、監視カメラでは中国企業が排除されて、それ以外の国の企業のシェア拡大の伸びしろができるため、新規開拓先としての民主主義陣営マーケットの魅力が高まる。

このトレンドが当てはまる領域は半導体、バッテリー、宇宙、サイバー、量子技術、クラウド、Beyond 5G、バイオ、海底ケーブル、ロボット、無人ビークル技術、自動運転だ。データの保護も経済安保領域で課題となっていることから、データを集めるセンサーやそれを制御するシステムも安全保障を理由に中国製品を忌避する動きが出てくるかもしれない。

たとえば、センサーの塊であり毎日、ドライバーの状態や走行情報を収集、蓄積するコネクテッドカーや自動運転技術も将来、対象となる可能性がある。オンラインゲームも同様の理由で安全保障上、注意が必要な領域にカナダ政府は位置付けている。もちろん防衛事業全般（たとえば米軍のデジタルトランスフォーメーション〈ＤＸ〉事業は、日本企業も参画余地のある巨大事業）は言うまでもない。

これらのハイテク分野、安全保障分野は中国企業がどうやってもシェアを取れない民主主義陣営のマーケットだ。先端半導体では米国のＣＨＩＰＳ法のように場合によっては友好国の企業も対象となる助成金、補助金まで用意してくれることもある。

日本製鉄のインドでの躍進はお手本

さまざまなリスクがある中国市場を迂回しつつ、中国企業との競争に巻き込まれにくいフィールドを選ぶ「攻めの経済安保」を展開する日本企業がある。インド、米国といった民主陣営のマーケットを攻めている日本製鉄だ。

ＩＰ（知的財産権）侵害問題で中国企業と法廷闘争を展開した経験がある同社はその後、インドに活路を見出し、成功を収めている。インドは地政学的に中国との緊張状態にあるため、ライバルである中国メーカーの製鉄所がないという。世界で高いシェアを誇る中国メーカーといえども、魅力あふれる成長市場であるインド市場での事業が難しい制約がある。日本製鉄がどこまでこうした中印対立など地政学的事情を考慮してインドへの投資を決断したのか筆者にはわからない。純粋に、地域ごとに一貫した地産地消の生産体制の確立を目指した事業戦略に基づいて進めているだけなのかもしれない。

それでも日本製鉄のインドでの躍進は、地政学や経済安保に起因する構図を巧みに逆手にとって事業機会に結びつけており、「攻めの経済安保」のお手本といえる。地政学リスクや経済安保を経営戦略に反映させた事例として日本企業は学ぶところが多々あるのではないかだろうか。

米ＵＳスチール社の買収に名乗りを上げたことも、経済安保を事業機会に転換させた「攻めの経済安保」の好例だ。ＩＰ問題をはじめ中国市場特有の規制リスク、政治リスクを迂回するとき、中国企業との競争も激しくない米国市場に眼を向けるのは事業合理性と経済安保の観点から当然といえば当然かもしれない。

日本製鉄が声明で、USスチール買収の意義の1つとして中国との戦略競争を踏まえて米国のサプライチェーンが強化されることを挙げていることも、経済安保リスクをしっかり買収の成功というグローバル戦略に変換させようとしている攻めの姿勢の表れといえる。米国内では買収への反対論が聞こえてくるが、買収によってUSスチールの雇用と技術が守られれば、米国の産業、雇用の保護になるだけでなく、日米が対中国デリスキングで連携という経済安保上の意義にもつながるもので、本来であればこの買収がすんなりと成就しないほうがおかしい。

選挙イヤーにおける党派政治の煽りを受けて万が一、買収が成立しないという展開になれば、日米の結束について中国に対して誤ったメッセージを送ることになりかねず、同盟運営、経済安保の両面で日米にマイナスだろう。

2024年5月の時点でバイデン大統領、トランプ前大統領、USスチールの地元の上院議員、全米鉄鋼労組が反対姿勢を示していることは、大統領選挙の年というタイミングも影響していることは間違いなく、日本製鉄が選挙イヤーという難しい時期に買収提案を選んだ背景も気になるところだ。純粋に事業戦略に基づいた判断だったのか。

結果論をあえて言えば、経済安保にもう少し目配りしていれば、連邦議員や労組幹部などのステークホルダーに対する事前の根回しや社会への事前のアナウンスなど、より丁寧で綿密なアプローチを取ってソフトランディングを試みる余地もあったかもしれない。

いずれにしてもインドで、そして米国で「攻めの経済安保」を果敢に展開する日本製鉄のアプローチは、完全なグローバル自由貿易時代の終焉を踏まえて、緩やかに民主主義ブロックに属しながら、インド、北米、ＡＳＥＡＮ（東南アジア諸国連合）で足場を確かなものにしようとするものであり、地政学リスク時代における経営のあり方を1つ示していることは間違いない。

攻めの経済安保でSafety & Trustを武器にする

米中対立の地政学時代が到来し、純粋なグローバル経済は終わったとも言われる。先端技術などの特定分野では、米中の陣営に緩やかに分かれて軸足を置きながらビジネスをする、つまり米国なり中国なりのブロックに緩やかに分かれたうえで、グローバル「にも」貿易を展開する流れになってきている。

ハイテク分野では信頼できる同盟国やパートナー、有志国とのサプライチェーン構築の動きが出てきており、そこではコストに加えてプロダクトやサービスが安心、安全で信頼できるものかという点も着目されるようになる。

ニッセイ基礎研究所の矢嶋康次チーフエコノミストが「経済安保が重視される世界では信頼できるものは本当に信頼できる相手からしか買えなくなる」と指摘していることこそが、日本企業の「攻めの経済安保」へのスタートになるのではないだろうか。

つまり信頼できる相手とは日本であり、安心と信頼を体現する性能を持つ製品やシステムを提供できるのは日本企業ということになる。日本は領土的野心がない国だ。中国企業にプラットフォームを握られるのは嫌だが、米国企業だけに依存するのも躊躇われる、という国は意外と多い。米中どちらも、自国の利益追求にアグレッシブでギラギラしている。領土的野心がない日本の企業の参画もあれば政治的、心理的に受け入れやすい、という声は中東、アフリカ、アジアでも聞かれる。

また、中国市場から徐々にフェードアウトできるのであれば、思い切って米国にシフトして米国政府や米国企業との取引で実績と信頼をつくるというのもありだろう。Safety & Trust 安全と信頼をブランドに「自由で開かれたインド太平洋」市場を目指し、日本、インド、欧州、ASEANへの展開を視野に入れるやり方は日本製鉄が成功させている。

人質リスクや事業接収リスクすら否定できない

そんな攻めのアプローチが取れるのは、中国市場への依存度が高くない企業や中国マーケットへの依存度を今後、軽減できる企業に限られてしまうのも事実だ。米国や民主主義陣営に思い切って寄せられればいいが、大半の企業は米国も中国もどちらも付き合いを続けていきたいというのが本音だろう。

ただ、米中双方とバランスよく付き合いたいとしても、たとえばＣＨＩＰＳ法で補助金を受給しようとすると、中国市場への投資が10年間、禁止される条項があるなど、先端技術のセクターでは、先述した「米国と中国、どちらを選ぶのか」という踏み絵を迫られる展開は想定しておいたほうがいいだろう。

多くの企業は旗幟《きし》鮮明を避け、米中の間でバランスをとりながら、どちらにも睨まれないよう騙し騙しやっていくアプローチなのかもしれない。悩ましいのは、米国の規制も怖いが、人質リスクや事業接収リスクすら否定できない中国リスクだ。米中バランス型の騙し騙し戦法はそうした中国リスクとずっと向き合い続けることでもある。それが持続可能性があって、ペイするると見るかどうかは個社ごとの判断ではある。

米中でバランスよくやりたい、米国陣営だけにベット（賭け）できない、という企業の本音は「中国には確かに地政学リスクや政治、規制リスクもあるが、巨大マーケットが生み出す果実を逃す逸失利益も避けたい」という思いだ。

ある日本企業の担当者は「中国の潜在的成長率を考えると、やはり魅力的で捨てきれない」と語る。「今、米国か中国かの二者択一で脱中国をしてしまうと、将来の中国の成長の果実を取りこぼしてしまうのではという危惧がある。目先の補助金で将来の果実を取りこぼすなんてことだけは避けないといけない」と言っていた。

この企業は先端技術での中国の成長の伸びしろの大きさから、しっかりコストとリソースを踏まえながら中国とも向き合っていく方針なのだという。メリットがリスクやコストを上回ると社として判断した結果であろう。

ある商社の調査部門の方は「対中規制といっても、米国企業も汎用品だったり、ギリギリ規制にひっかからない先端技術でも中国とビジネスを強かに展開している。エヌビディアやアップルはその典型だ。その流れに乗り損ねるのは損だ」と指摘する。

日本企業が脱中国をやっている一方で、欧米企業は強かに中国でビジネスを続けているのも事実だ。先端技術は控えつつも、前述のニコンのように経済安保の規制を注視しながら汎用品で中国市場に攻勢をかける、というアプローチもあっていいだろう。

チャンスに転換する道具として

一方で、いくら成長のポテンシャルやイノベーションが中国にあっても、日本企業が規制やリスクをかいくぐって、そうした成長の果実を実際に刈り取れるかどうかは別の問題だろう。もちろん宝くじは買わないと当たらないように、いくらリスクがあるからといってベットしなければ果実にはありつけないのも事実だ。

日本政府内の一部には「安全保障のロジックや米国一辺倒だけでは、日本企業は市場を失ってしまうかもしれない」と、安全保障重視に偏重することを危惧する声もある。領域によっては、権威主義国家のマーケットでも積極的にビジネスを展開していくアプローチも当然、否定されるべきではないだろう。安全保障とビジネスの均衡、ビジネスマインドとパブリックマインドのバランスは、企業レベルでも国家レベルでもかように難しい。

事業構造の数だけ、企業の数だけ、対中アプローチも経済安保アプローチも違ってくる。容易には脱中国に舵を切れない企業もあるだろう。中国市場がもたらす果実に自社がありつけるのか。経済安保上のリスクとコストがプロフィットとどうバランスしているか、中国市場と民主主義市場、どちらが自社にとってポテンシャルが長期的にはあるのか。複雑に絡み合う方程式を解いて「攻めの経済安保」と「守りの経済安保」のバランスが見えてくる。

経済安保を制約やコスト負担と見たり、輸出管理やコンプライアンスに留めたりしていたら、地政学リスクを踏まえてどのマーケットをどう攻めるか、という大きな発想は生まれない。地政学リスク時代がまだ続いていくとするならば、中国市場をどう捉えるか、どのマーケットを経済安保を逆手にとって狙えそうか、企業は経済安保をたくましく事業チャンスに転換する道具として使いこなしていきたい。

第3章

企業にとっての台湾有事リスク

対応をそろそろ考え始めなければならない

本当に台湾有事は起きるのか。

それは誰にもわからない。

ある日本を代表するグローバル企業の取締役会では「本当に台湾有事など起きるのか」と半信半疑で、リスク対応の熱量が上がらないという話を聞いたりもする。

一部の安全保障専門家が中国の揚陸能力の不足を根拠に当面のリスクはない、という解説をしていることも、危機感が薄らいでいることの一因なのかもしれない。

だが、本当にそうだろうか。

占い師ではないのでいつ有事が起きるのか、は誰にもわからない。

そもそも「有事」と言いながら、思い浮かべているシナリオも人によって違ったりするので、議論が嚙み合っていないこともある。

本章でお伝えしたいことは、日米両政府の政策対応を見ていると、私たちが考えている以上に台湾有事リスクはシリアスに日米両政府によって受け止められている、という点だ。

米国が真剣に受け止めて、もしもの備えを進めていることが、すなわち有事が必ず起きることは意味しない。だが、何もないと決めつけられるような状況でもない。

経済安保を担当するビジネスパーソンにとっては無視できない、対応をそろそろ考え始めなければならない重大リスクなのではないか。本章ではそうした問題意識を持って台湾有事リスクを取り上げたい。

震源地は米国

台湾有事は地政学リスクであり、本来は経済安保というよりは外交、安全保障上の課題だ。ただ仮に不幸にも発生すれば、日本の領土や国民の安全に直接的影響が出るだけでなく、経済活動や事業活動の基盤をも揺るがしかねないだけに、昨今、経済安保における重要課題の１つとして企業の間でも認識されている。

とはいえ、実際に社としての検討をしたり、しようとしても「気になるが、どこか遠い問題」「本当にそんなこと起きるのか？」というのが多くの人の受け止めではないだろうか。

台湾有事は、安全保障の世界では「まだまだ発生可能性は低いが、一たび発生したら甚大な影響がある」つまり蓋然性は低いが、インパクトは大きいとされてきた。

それがここ数年、ガラリと変わってきている。

その震源地は米国だ。

台湾有事がいつ起きるのか、本当に中国は武力で台湾統一をするのか、それは誰にもわからない。だが、米国の動きを見ている限り、米国はその可能性は低くないと見て、強い危機感を持っているように見える。

具体的に言えば、米国の政府高官の発言、政策の打ち出され方、米軍の装備の調達、訓練内容、先端技術への投資などを見ると、米軍は２０２７年を１つのターゲットに備えを固めようとしているように思う。

特に装備の調達やそのスケジュール、先端技術の投資などは、政府高官の発言などとは違って、予算や人員を投下して長期的かつ制度的に行われるものであることから、米国の国家的意思が反映される重要変数として重視すべきだ。そして、そうした巨額予算の動員の背景には何らかのエビデンスがあると見るべきだろう。

米ＣＩＡの中国における人的ネットワークは、２０１０年から２０１２年にかけて中国当局の摘発を受けて壊滅的な打撃を受けたとされているが（ＣＩＡ協力者と見なされたある中国人官僚は、オフィスの中庭で見せしめとして白昼、銃殺されたとも伝えられている）、それでも世界トップレベルの人的、電子的、技術的な情報収集手段を有している。

その米国が警戒感を持って、同盟国も巻き込みながら備えを進めていることは、強力な情報収集力に裏付けされた一定の根拠に基づいている、と見るべきだ。

となれば、そうした米国の動きをメルクマールにしながら、私たち日本企業としても万が一を想定した備えを進めるべき、というのが本章の問題意識だ。

本章では順を追って米国の政策動向を見ていき、台湾有事リスクを米国が現実感を持って受け止めて準備を進めている現状を説明したい。

もちろん「米国政府がそう考えて動いている」ということが「台湾有事が必ず起きる」ということとは必ずしもイコールではないことは当然だ。

あくまで政策動向から分析すると米国はそう認識している、という説明であり、そうなる、という説明ではない。また、本書の分析は中国の動向は対象外であり、米国の政策のみに偏重していることもあらかじめご理解のうえ、読んでいただければと思う（なお本書の問題意識は、台湾有事が必ず起きる前提で危機を煽る言説と結果として「備えをしっかりやるべき」という点で一致するが、単純論による決めつけは炎上商法のようなものであり、あくまで重要なのは分析というプロセスを積み上げた結論であるかどうかだ）。

米軍幹部の発言から見える危機感

まずは米軍幹部たちの発言を見てみよう。ここまで台湾有事リスクが語られるきっかけとなったのは、２０２１年３月の米インド太平洋軍司令官の議会での発言であった。インド太平洋軍は米軍が地域別、機能別に統合した統合軍で、インド洋及び太平洋全体を所管する。管轄には日本をはじめ台湾、東南アジア、インドも含まれている。その司令官の存在感は「アジアにおける米国の総督」といっても大袈裟ではなく、米国大使よりも影響力は大きい。

２０２１年当時、退官間際だったインド太平洋軍のデビッドソン司令官は連邦議員たちを前に「台湾への侵攻リスクは２０２７年までに顕在化する」と証言した。言い換えれば、２０２７年以降は何が起きてもおかしくない危険な時期に入っていく、とも取れる発言だった。これ以降、「デビッドソン・タイムライン」とも呼ばれた２０２７年とそれ以降が、中国にとって台湾侵攻の「機会の窓」が開く期間として日米の安全保障コミュニティで危機感を持って議論されるようになった。

この発言を当時、ワシントンに駐在していた筆者はリアルタイムでＣ－ＳＰＡＮ（米国の政治専門ケーブルチャンネル）中継で見ていた。「とんでもない発言をしたものだ」と驚いて東京に原稿を送った記憶がある。真っ先に思い浮かんだのは、「中国の脅威を強調して予算を獲得する狙いではないか」という疑問だった。これは米軍最高幹部クラスが時に取る手法で、予算要求の時期に高額な兵器開発プログラムの予算を議会に認めさせたい軍が「いかに今のままでは米軍が脆弱か」をブチ上げたりするのだ。

また、翌月には退役するタイミングでの発言は米軍将官が最後に思いのたけをぶちまける「最後っ屁」だろうと、どこまで重要視するべきか、わからない部分もあった。

今から振り返れば、私の疑問は的外れであった。後任のアキリーノ司令官も、２０２４年3月の議会証言で「中国軍は２０２７年までに台湾に侵攻できる能力を完成させる計画だ」「今は40年間の軍歴の中で最も厳しい脅威に直面している」と述べてデビッドソン発言を裏付けている。

ちなみに一説には、デビッドソン発言は事前に議員に質問してもらえるよう根回しをするなど、必ず発言できるよう周到に仕込んだ「確信犯」的なものだったという。

そして3年経った今、デビッドソン氏の後任のアキリーノ司令官もまた退任してパパロ新司令官に引き継がれることになった。2024年1月下旬、パパロ新司令官は上院での指名公聴会で前々任者、前任者にも劣らない警戒心をあらわにした。

「中国は台湾侵攻をいつでも実行できるよう日々、準備を重ねている」と分析してみせたうえで、こう述べたのである。「我々は常に警戒を怠ってはならない。今、この時点から彼らが実際に実行に移すであろう日までの間に我々に休みはない。この瞬間であろうが、来週だろうが、来月だろうが、今後10年間、いつ侵攻があっても米軍は戦えるよう準備をしておかなければならない」。

2021年のデビッドソン発言よりも、切迫感が強まったトーンになっている。デビッドソン発言以降の3年間、中国を見ている米軍将官の危機感は一貫しており、かつ強まっているのだ。

CIAのトップが言い切る意味

それは、他の米軍幹部たちの発言からも裏付けられる。デビッドソン発言以降、米軍幹部の口から台湾有事への危機感を指摘する発言が相次いでいる。米軍が意図的、組織的に戦略コミュニケーションの一環として発信しているのか、部内でさまざまなインテリジェンスに触れた米軍幹部が危機感を募らせたことがメディアに漏れたり、一連の発言となって表れたりしているのか、そのどちらかか、あるいはその両方だろう。また、米軍幹部たちに呼応するかのように、米政府や議会の幹部による同様の発言も続いている。

それらの発言を列挙してみたい。

・2022年10月　ギルデイ米海軍作戦部長（当時）

「2027年説があるが、私の中には2022年説も2023年説もある。大袈裟になるつもりはないが、そうならないよう祈っているだけ、というわけにはいかない」

・2022年10月　ブリンケン国務長官（中国共産党大会直後の演説）

「北京は、現状維持は受け入れられないとして台湾統一プロセスを早めることを決意した」

・2023年1月29日　米空軍ミニハン大将（当時）

「間違っていることを願う。2025年までに中国と戦うことになる、というのが私の直感だ」（米メディアで報じられた米空軍部内向けメモの記述）

・2023年1月29日　米下院外交委員会マコール委員長（共和党）

「ミニハン将軍が間違っていることを願うが、彼は正しいと思う。我々はそれに備える必要がある」

・2023年3月8日　米太平洋空軍ウィルズバック司令官（当時）

「台湾有事の際は中国海軍の艦艇の撃沈が主目標になる」

・2023年8月　バーンズCIA長官

「習近平主席は、2027年までに台湾侵攻の準備を完了するよう指示を出している。準備の指示であり、実際の侵攻が不可避であることを意味するものではない」「しかしCIAをはじめ、米情報機関に習主席の台湾支配に向けた決意を過小評価するものは誰もいない」

・2024年4月　レイFBI長官

「２０２７年までに起こりうる中国と台湾の危機に米国が関与することを中国は阻止したがっている」

この間、これだけの米軍、米政府の最高幹部クラスが同様の発言をしていることは、米政府内部でその危機感を裏付けるエビデンスや分析がコンセンサスとして広く定着しているのだと筆者は推測している。

エビデンスといえば、これらの発言の中で注目すべきはＣＩＡのバーンズ長官の発言だろう。米情報機関のトップが、公の場で外国の意図についてここまで踏み込んで断定するのは珍しい。習主席の演説や動静など単なる外形的事実関係や状況証拠だけで、ここまで情報機関のトップが言い切るとは考えにくい。習主席が台湾侵攻に向けて具体的な指示を出し、かつそれを受けて具体的に中国軍部が動き出していることを示すハードエビデンスを何か持っているのだと見るべきだろう。

「2年以内に配備を開始したい」

そうした認識は、具体的なアクションにも反映されている。たとえば台湾有事を想定して、米国防総省は無人ビークルへの投資を加速させている。

2023年8月、国防総省のヒックス副長官は数千機のドローンで中国に対抗する「レプリケーター計画」を発表した。台湾海峡を渡ろうとしている上陸部隊に対して数千の水中ドローン、水上ドローン、無人機で攻撃を加えることで、少しでも上陸作戦を遅延させて米空母が台湾近海に駆けつける時間を稼ごうというものだ。

レプリケーター計画の発表時に、ヒックス国防副長官は「中国の政治指導者が毎朝起きるたびに『今日はその日ではないな』と台湾侵攻が割に合わないと思わせなければならない。今日から2027年までの間、そして2035年、さらに2049年までの間、ずっとだ」と述べている。台湾有事を想定した計画であることを大っぴらに公言するくらいにまでなっていることに驚きを覚える。

そして、レプリケーター計画で何よりも注目したいのは、「2年以内に配備を開始したい」というタイムラインの設定だ。これは米軍の通常の調達プロセスに比べてとてつもなく速い。民間スタートアップに呼びかけて「使えるものからすぐに使う」というアプローチだが、2027年とそれ以降に間に合わせようとしている、と読み取ることができる。

訓練シナリオで中国を「仮想敵」と明記

台湾有事への懸念を大っぴらに公言するほど危機感が高まっている、という文脈に当てはまるもう一つの動きが、日米の共同訓練だ。共同通信が2024年2月に報じたところによれば、防衛省・自衛隊は2023年12月に台湾有事を想定した日米共同の作戦計画の策定を終えて、コンピュータを使った指揮所演習での検証を行ったという。

共同電は、日米が「仮想敵」として訓練シナリオにおいて「中国」と初めて明記していることが異例だと報じているが、事実であれば、仮想敵の国名を明示して刺激することを避けてきた従来のやり方からは一線を画すもので、日米の危機感を感じさせる。

経済安保の世界でも、ハレーションを避けるために中国を「懸念国」と言い換えることが多いが、自衛隊の訓練も同様にこれまで中国を想定した訓練シナリオがあったとしても、中国と明確に規定することは避けてきた。もはや建前や間接話法で取り繕っていられない状況ということなのだろうか。

「実戦」を想定したかのような情報収集活動

一方の中国側も、まるで台湾有事に向けての準備かと疑わせるような不気味な動きがある。

まず1つが諜報活動だ。中国諜報機関がいわゆるスパイを使って入手を試みる情報の関心は、インド太平洋における米海軍の動向や能力に向けられている。

2023年8月に米司法省は、中国の諜報機関に軍事機密を渡したとして米海軍の水兵2人を訴追した。2人はともに中国で生まれたのちに帰化した中国系米国人で、中国側に渡された情報には太平洋での米海軍艦船の位置情報、太平洋での大規模訓練の内容のほか、強襲揚陸艦の武器性能、沖縄に保管されている移動式警戒レーダーの設計図が含まれていた。いずれも台湾有事の際の米海軍の作戦行動や、作戦能力に関わる重大情報にこだわっていて、まるで「実戦」を想定したかのような情報収集活動が何とも不気味だ。

米軍の初動を遅らせる意図でインフラに入り込む

懸念すべき動きは、サイバー領域でも出てきている。米国のＣＩＳＡ（サイバーセキュリティ・インフラセキュリティ庁）、ＮＳＡ（国家安全保障局）、ＦＢＩの国家安全保障３機関は連名で、中国政府とつながりのあるハッカーグループ「Volt Typhoon」が米の重要インフラに対してサイバー攻撃を繰り返している、と警告を発している。

Volt Typhoon は米国などの小規模事業者が利用するサポート切れのネットワーク機器を踏み台にして、水道、輸送、エネルギー、通信などの基幹インフラのシステムに侵入しているとされる。その特徴は、探知を巧妙に避けながら、米国のインフラを執拗に狙い続けている点にあり、５年にわたってシステムに侵入し続けていたケースや監視カメラを踏み台にしていたケースもあった。

米国の通信や水道などのインフラを乗っ取って麻痺させることは台湾有事に向けた準備作業だと見られるからだ。

不気味なのは Volt Typhoon が米本土だけでなく、グアムやハワイの通信、港湾、水道などのインフラのシステムに侵入していたことだ。米当局はこれらのシステムから排除することに成功したものの、引き続き新たな方法でアクセスを試みる動きがあると警戒を呼びかけた。

ハワイには米インド太平洋軍の司令部があり、グアムには米空母や爆撃機、攻撃型原子力潜水艦、海兵隊が展開している。対中紛争時にはハワイの司令部が指揮を執り、グアムからは各部隊が出撃し、補給を受け、休養し、再出撃していくことになる。

これらのハワイやグアムの米軍基地はいずれも電力会社や水道会社が提供する民間インフラ基盤に依存しており、それらが麻痺すれば、有事の際に米軍の作戦行動に著しい影響が出ることは間違いない。米軍の初動を遅らせる意図でインフラに入り込む手法は、これまでの企業秘密を窃取する中国の伝統的なサイバー攻撃の手法からの転換を意味するものだとして注目されている。

米国土安全保障省傘下のCISAのジェン・イースタリー長官は「データ窃取ではなく、紛争時に破壊活動を行う意図をもって我々のインフラに深く入り込もうとしていることが最も警戒すべきことだ」と米『フォーリン・ポリシー』誌のインタビューで訴えている。FBIのレイ長官も、2024年4月のナッシュビルでの講演で「中国は米国の基幹インフラを麻痺させてパニックを引き起こし、（台湾有事などで）米国の抵抗の意志を挫《くじ》こうとしている」と中国の意図を指摘している。今後、台湾有事の兆候を占う際、中国によるサイバー攻撃のパターンや動向の変化は定点観測に値する重要変数だといえよう。

２万４０００人の安全確保を考える

不幸にも台湾有事が発生してしまった場合、どのようなシナリオがありうるのか、どのような要素がからんで展開しうるのかを次に考えてみたい。

台湾には、およそ２万４０００人の日本人が住んでいるとされる。台湾有事があれば、日本人従業員だけでなく、現地スタッフの安全確保も考える必要があるし、当然、中国本土で働く駐在員とその家族の安全確保も考慮しなければならないだろう。日本企業にとっての台湾有事は単なる事業継続計画（ＢＣＰ）やサプライチェーン管理といった次元を超えて、従業員と家族の身体と生命に関わる複雑かつ広範囲な危機管理になることを意味する。

企業の経済安保担当者と話をする際、よく議論になるのは「社員を退避させるために有事の兆候をどうやったら摑めるか」という点だ。言い換えれば、これが起きたら、次に何が来るのか、という予測力が欲しいという声をよく聞く。

以下の想定シナリオを通じて台湾有事に伴う危機管理や企業リスク、事業リスクに備えるうえで具体的なイメージを少しでも持てればと思う。

台湾侵攻における3つのシナリオ

台湾有事は大規模な武力侵攻からミサイル攻撃、海上封鎖（空域も含めた台湾封鎖）、中国沿岸部に近い台湾が実効支配している離島の制圧までいくつかのシナリオがありうる。当然、台湾侵攻を決意させる中国側の政治的事情が何か、それによって中国の意図や行動がどう変化しうるのかの理解が重要となるが、ここでは紙幅の関係上、引き金となる背景や展開は捨象して、中国が武力による台湾統一を決意したという前提で、どんな展開がありうるのか、考えてみたい。

米国の専門家であるイアン・イーストン氏、オリアナ・スカイラー・マストロ氏、ロバート・ブラックウィル氏それぞれの議論をまとめると、①離島の制圧、②台湾封鎖（海上封鎖、情報遮断）、③着上陸侵攻（ミサイル攻撃、サイバー攻撃、特殊部隊による破壊工作も含む）に大別できる。

ハイブリッド戦、サイバー攻撃だけを想定するのは危険

日本の一部の有識者には特殊部隊による暗殺、破壊工作とサイバー攻撃、影響工作などを組み合わせたクリミア型のハイブリッド戦（少人数、小規模の限定的な武力行使）を想定する立場もあるが、本章では対象外とする。なぜならハイブリッド戦だけで台湾を奪取するのは中国にとって極めてハイリスクな試みであり、失敗したときの共産党政権への批判を考慮すれば、容易に選択できるオプションではないからだ。

中国指導部にとって、失敗すれば政権崩壊につながりかねない、絶対に失敗できない戦いなのが台湾統一である。それを踏まえれば、サイバー攻撃やハイブリッド戦、グレーゾーン事態だけで台湾を屈服させられる、という前提で作戦を開始するのは想像しにくい。万が一、ハイブリッド戦を仕掛けてもなお台湾が屈服しなければ、海上封鎖やミサイル攻撃、着上陸侵攻と段階的にエスカレートさせていくことが前提になると考えるべきだろ

う。

その意味では、ハイブリッド戦やサイバー攻撃だけで事態が終わると想定するのは危険であり、日本政府も企業もハイブリッド戦や特殊部隊の投入などに直面した際はそれだけで終わらず、最終的には着上陸侵攻など本格的な武力行使にまでエスカレートする前提で対策を考えるべきだろう。

離島制圧というシナリオ

台湾は台湾本島とは別に、南シナ海にある南沙諸島の太平島、東沙諸島、中国福建省沿岸の金門島、馬祖列島、台湾海峡に位置する澎湖《ほうこ》諸島をそれぞれ実効支配している。

これらの島々を電撃的に中国が制圧することがあれば、東沙諸島が最もその可能性が高いのではないか、と米外交問題評議会のブラックウィル氏は見ている。東沙諸島は台湾が実効支配している離島のなかで唯一、住民がおらず（いてもごく少数）、また海南島やバシー海峡に近い軍事的要衝になりうることを理由に挙げている。

東沙諸島には少数の台湾軍の守備隊が駐屯しているが、中国軍による攻撃を跳《は》ね返すことは難しいだろう。短期間で制圧されれば、米軍も介入する時間的余裕がない。そもそも介入可能であっても、台湾が実効支配する島をめぐって、中国との紛争のリスクを取って米国政府が介入することは考えにくいし、米世論もそれを許すことはないだろう（あったとして、対中経済制裁の発動がせいぜいだろう）。

そうなると、焦点となるのは制圧後の台湾の対応だ。軍を追加派遣して東沙諸島の再奪還を試みれば、中台の軍事衝突にエスカレートする。中国海軍と台湾海軍の艦艇が南シナ海で睨み合うことになれば、日本への海上交通路が通るバシー海峡での安全航行にも影響するかもしれない。ただ、東沙諸島に限らず離島が制圧されても、台湾本島の生存と存続への影響は実質的にはないため、台湾当局が離島に軍を増派するシナリオは現実味に乏しいだろう。

離島制圧シナリオでコスト（リスク）と利益の計算が合わないのは中国にも当てはまる。台湾の反発や国際社会の批判や米国主導の経済制裁を招く恐れがある割に台湾本島の統一という本丸の政治的利益、目標にどう結びつくのかが不透明だ。

グリーンベレーが台湾の離島に常駐

合理的に考えれば離島制圧は可能性が低いと言わざるをえないが、米国は警戒をしているように見える。百の分析よりも雄弁に実態を語ってくれるのは実際の行動だ。

2024年3月、米陸軍の特殊部隊グリーンベレーが台湾の離島の島嶼防衛を台湾軍に訓練させるため、常駐していることを台湾国防部が明らかにした。これは2023会計年度の米国防権限法に基づく派遣だとされる。少数の米特殊部隊が中国沿岸部にほど近い離島に常駐（ないしは長期派遣）しているのは極めて異例であり、その事実が明らかにされることもまた異例だ。

この常駐（ないしは派遣）の事実と公開は、それだけ米国の危機感が強いことの表れといえよう。同時に合理的に考えれば離島制圧はありえないという考えが危険な思い込みであり、我々の合理性と同じように中国が動くと想定してはいけないことを示している。米国政府はあらゆることを想定して必要な手を打っているのであろう。

グリーンベレーが展開している離島とは、東沙諸島よりさらに中国本土に近い金門島だ。中国沿岸部から見てほんの向かい側10㎞ちょっとに位置するこの島は、台湾当局が周辺海域で法執行（パトロールや禁止水域の設定など）をしている台湾が実効支配する島だ。

その金門島では今、台湾に対する中国による「現状変更の試み」の最前線になりつつある。中国の海警局の船が台湾側が設定した「禁止水域」に進入を繰り返し、禁止水域内での航行を２０２４年３月から始めている。「禁止水域」は、台湾にとっては事実上の領海を意味していて、長年、衝突やトラブルを避けるため中台の間で暗黙のルールとして尊重されてきた経緯がある。

強制力を伴う台湾統一への第一歩

これまでの経緯を打破するかのような中国側の動きは、まさに「現状変更の試み」の第一段階だといえる。中国の海警側は「法律に基づいてパトロールしている」と主張しているが、その背景には「金門島はそもそも中国領土であり、その周辺海域を航行することは中国としての当然の主権行使」というロジックがある。

同時に、そのロジックを盾に台湾の実効支配エリアに、これまで控えられてきた中国の警察活動という主権行使の実態を徐々に浸透させていく狙いもある。警察活動などの主権の行使を積み上げることで、最終的には金門島の実効支配権を奪い取るのが目標なのだろう。

こうした、これまでの経緯を打破して新たな状況を作り出そうとするかのような動きは一見、台湾当局に圧力をかけるキャンペーンに見える。だが、台湾統一を目指した長期キャンペーンという視点で位置付けたとき、パトロールや密漁の取り締まりや中国漁船の摘発といった警察権の行使という事実を積み上げることで、台湾の実効支配の実態を少しずつ突き崩していく政治効果がある。つまり、最終的には金門島での法執行を実施することと、つまり主権を行使することを目指した第一段階と捉えることもできる。

もしそうであるならば、すでに台湾統一に向けてキャンペーンは実際に開始されていると見ることもできるかもしれない。将来もし金門島で武力行使が発生した場合、それは不意に発生した突発の出来事ではない。上記のような、地道な既成事実の積み上げを伴った長期的なプロットの末に位置付けられる動きであり、武力行使はその最終段階だと理解すべきなのかもしれない。

この時点では日本企業への直接的影響は直ちにはないものの、離島の制圧を突発的で限定された地政学的出来事だと安心するのではなく、強制力を伴う台湾統一に向けた第一歩である可能性が高いと見て警戒を強めるべきだ。日本企業の担当者は離島の次にさらなるエスカレーションがないか、注視すべきであろう。

ここで兆候を読み取れず、何の対策も取らずにいると突然、海上封鎖やサイバー攻撃などの事態のエスカレートに慌てることになりかねない。一見、直ちに日本に影響がない突発的イベントに見えても、台湾統一という長期計画を段階的アプローチで進めているという視点で分析をすることが、戦略的奇襲を避ける知恵となる。

台湾封鎖（海上封鎖）と臨検のシナリオ

離島の制圧からさらに事態がエスカレートするとすれば、考えられるのが台湾封鎖（海路と空路に加え通信の遮断も含む）と（海上での）臨検の2つだ。

台湾封鎖は文字通り、台湾への海上交通と航空路をブロックしたり阻止したりするものだ。海軍艦艇、空軍機などを動員して物理的に台湾を取り囲むことになり、国際法上、戦争行為と見なされかねない行為だ。国際社会の反発を招くだけでなく、米軍の介入にもつながりかねないため、中国にとっては相当な覚悟を要する。海底ケーブルの切断など、通信の遮断も合わせて行われると見られている。

一方、臨検は海軍を動員することもできるが、実施主体は日本の海保にあたる海警が想定される。軍による軍事行動ではなく、警察などの法執行機関による法執行という形をとることができるからだ。そのため政治的ハードルが低い臨検のほうが台湾封鎖よりも選択しやすいオプションで、日本企業としてリアリティをもって想定すべきは臨検のほうだろう。

台湾封鎖のように台湾全周の海と空を「封鎖」するのではなく、台湾の港に至る主要航路上で台湾に向けて航行するあらゆる船舶を停船させて、荷物（貨物）検査を行うことになる。場合によっては中国の港への回航を強いられるケースも出てくるかもしれない。台湾には大型の貨物船が接岸可能な港の数は限られていることから、それらの港に入る船を狙って海上封鎖も臨検も効率的に実施できてしまう。

国際社会が「1つの中国」を認めていることを逆手に取る形で、中国側は台湾を仕向地とする船舶に対する臨検は「国内問題」という立場を主張するだろう。臨検の名目やトリガーとして最も想定されるのは米国による台湾への武器輸出だろう。

米国による武器輸出、つまり米国からの武器の流入によって台湾の防衛力が強化されることは、中国にとっては台湾統一の障害と捉えられる。「海外勢力が台湾に武器を売却して事態を不安定化させている」あるいは「防衛力強化を支援して台湾の独立（分裂）を扇動している」というロジックをもとに「米国製武器が積載されていないか、臨検に乗り出す」と宣言する展開が心配される。

そのロジックで米国の武器をターゲットにした臨検であれば、台湾住民の生活を左右する食糧とエネルギーの輸送を麻痺させないので、台湾の対中感情の悪化は最小限に抑えられる利点がある。

食糧やエネルギー危機が起きて死者が出るようなことになれば、台湾内や国際社会の批判は中国に向くことになる（中国は意に介さない可能性もあるが）。対中感情の著しい悪化や決定的な感情的な断絶は、台湾の抗戦意思を強くさせて台湾侵攻の妨げになるし、台湾統一後の統治も難しくするので、中国としては好ましくないはずだ。

ただ、中国の合理的計算と欧米のそれとが一致するのかはわからない。台湾統一という中核的利益の達成が全てに優先すると判断した場合は、こうした欧米が想定する合理的計算は通用しないかもしれない。台湾問題の難しさは我々と異なるロジックに基づく中国の

「合理的」計算に対して、果たして我々は戦争を起こさせないための影響を及ぼすことができるのか、という点にある。

米国の直接介入が難しい臨検

話を戻せば、臨検における食糧やエネルギーといった生命に関わる海上輸送には触らない、という配慮は同時に「いつでも食糧やエネルギーも左右できるぞ」という無言のプレッシャーにもなる。台湾が言うことを聞かなければ、段階的に圧力を強める調節を効かせられる柔軟性も中国にとってはメリットだろう。

臨検にはより実質的なメリットもある。実際に米国からの武器を輸送する船舶かどうかの立入検査をやることで、台湾に向かう米国製武器を押収できれば、台湾の自立や現状維持を支える防衛力の強化を阻止することができる。一方的に開始を宣言して緊張を高めることも、任意のタイミングでやめて緊張緩和を演出することもできる。

米国は当然、強く批判することになるが、米国製武器の差し押さえを理由に軍事的介入をしてくるかどうかはわからない。空母を近海に派遣して圧力をかけることはしても、核保有国である中国との戦争リスクを取ってまで軍事介入するとは考えにくい。政治的に分断し、対外関与に消極傾向を示す米国世論がそれを支持するとは考えにくく、あるとすれば経済制裁が考えられるが、米シンクタンクのアトランティック・カウンシルによる研究は、台湾本島への侵攻というワーストケースでない限り、Ｇ７での制裁の協調は難航すると指摘している。

中国が海外に依存していない分野で制裁を打っても、効果はない。だが中国の対外依存度が高い分野や品目で制裁を発動すれば、制裁する側にも跳ね返ってくることになり、協調しての制裁は簡単ではないのだ。

米国側の政治的事情に加えて、臨検が警察主体によって行われることも米国の直接介入を難しくするだろう。臨検の実施主体が海軍ではなく海警である場合、海上警察である海警に対して米国が海軍を動員することは過剰対応として批判されることになりかねないからだ。

また、たとえ米海軍部隊を派遣しても直接交戦にエスカレートすることを恐れて、臨検活動に従事する中国艦艇を実力で排除することはしにくいだろう。せいぜい中国艦船の近くでプレッシャーを与えるくらいではないだろうか。

軍事衝突に発展するリスクを避けながら、臨検や台湾（海上）封鎖による圧迫を減らす台湾支援があるとすれば、米国をはじめ、有志国連合が台湾東岸の南部を仕向け地にした海上輸送支援を行うことかもしれない。台湾東岸の南部の港が、台湾有事の際に米軍による物資支援や軍事支援のアクセスポイントとして想定されていることは、専門家の間ではよく語られることである。

臨検は海上封鎖や離島制圧よりも米国の直接介入を排除でき、かつ台湾住民の直接的犠牲と反発を最小限に抑えられて（離島でも東沙諸島、金門、馬祖への軍事行動は住民に犠牲が出るリスクがある）、かつ統一の妨げとなる台湾の防衛力強化にブレーキをかけられる実質的な効果につながる打ち手といえる。中国にとっては政治的に実行可能性のあるオプションだといえ、日本企業にとってはこの臨検が最も現実感を持って警戒すべきシナリオかもしれない。

東アジアの海上輸送に依存する全物品に影響が

日本企業の事業活動にはどのような影響が出るのか、イメージしてみよう。台湾近海で臨検が実施されれば、台湾が仕向地の海上輸送だけでなく、他の海上輸送（船）に対しても中国当局による制止、立ち入り調査、場合によっては中国への曳航、貨物の没収が行われ、混乱は免れないだろう。

臨検の対象品目が米国製の武器とされれば、ミサイルや発射装置、弾薬でなくても武器の運用を支える機能を担うもの（たとえば通信機器、半導体、製造装置など）も検査や没収の対象になる可能性がある。軍事転用が可能なデュアルユース性のある精密機械や汎用品には、差し押さえリスクがあると考えるべきだろう。

必ずしも台湾が仕向地でなくても、台湾近海を通航する海上輸送も混乱に巻き込まれるかもしれない。南シナ海から台湾海峡、バシー海峡を通る海上交通路も両海峡で中国海警の展開エリアに入るか、近接することになるので、停船や乗り込みを求められたりする可能性はある。そうした措置を嫌って、両海峡を避けて迂回ルートを取ることになれば輸送日数やコストは増大してサプライチェーンの混乱は必至となるので、臨検の影響は、東アジアをルートにする海上輸送に依存するあらゆる物品に及ぶと想定したほうがいい。

日本企業としては、臨検によるサプライチェーンの混乱への対応と並行して危機管理の対応も行う二正面対応を迫られることになる。社として、臨検をさらなる緊張への序章だと判断するのであれば事態が本格エスカレートする前に、台湾や中国に駐在する従業員の安全確保策を実施に移すことも視野に入ってくる。

ここの判断は非常に難しいものになる。臨検が武力行使や海上封鎖などへの第一段階である場合、従業員を台湾や中国から退避させられる最後のタイミングである可能性が高い。事態が緊迫化していけば、海上輸送は台湾を避けるようになり、航空便も早晩、飛ばなくなる。臨検が始まった段階で退避できる「機会の窓」は開いていても、同時に閉じ始めていると認識すべきで、情勢が素人から見てもまだそれほど緊迫化していない段階で、空振りを覚悟で退避や必要な措置を取ることも選択肢だ。

台湾の現地当局の眼を意識して退避や操業停止に踏み切ることへの躊躇をよく企業担当者から聞くが、従業員と家族の安全を最優先に、空振りも覚悟して果敢に動いてもらいたいところだ。ひとたび事態が緊迫化し始めたら加速度的に展開が速まっていき、すぐに手が打てなくなると考えるべきだろう。

海上封鎖による食糧危機、エネルギー危機

一方の台湾封鎖は、より軍事色が強まる強硬措置となる。ここまで来ると戦争行為に近く、本格的な武力行使が早晩、行われると覚悟したほうがいいだろう。貨物の中身にかかわらず、台湾に向かう船舶と航空機の往来は遮断されることになる。台湾の主要港の沖合や台湾に至る主要ルート上に機雷が敷設されることもありうるだろう。こうなると、台湾向けの民間船や民航便は完全にストップすることになる。

その目的は、台湾を孤立化させて圧迫を加えて中国の意思に従わせたり、台湾内の政情を不安定化させて親中国の政治主体を樹立したりすることにある。孤立化は通信面でも行われ、海底ケーブルの切断や衛星通信の妨害、基幹インフラの麻痺を狙ったサイバー攻撃も懸念される。

台湾も日本と同様、エネルギーや食糧の供給を海上輸送に依存している。台湾は発電量の半分近くを占める天然ガスの備蓄日数が10日前後しかなく、有事の際は1カ月半分の備蓄がある石炭火力、水力、再生可能エネルギーなどによる発電で対応するとされている。

海上封鎖で直ちにエネルギー危機に陥ることは考えにくいものの、海上交通による供給麻痺が長期化すれば食糧危機やエネルギー危機による経済活動の低下、社会不安の拡大が懸念される。そうなれば、人道上の批判が欧米で起こって米国や英国、豪州などの有志国が軍事的対抗策や経済制裁に訴える可能性もある。こうしたシナリオにおいて台湾が反中感情や抵抗意思を強めるのか、それとも中国との対話を選ぶことになるのか、見通すことは難しい。

中国にとっては、そこまでやっても台湾の意思が挫けなかった場合、共産党指導部への批判として跳ね返ってきたり、米国との開戦リスクも取って武力侵攻にエスカレートするかどうかの判断を迫られたりしかねず、台湾封鎖の政治的ハードルやコストは高いといえる。そのため、中国が台湾封鎖や海上封鎖を選択するケースは経済制裁や国際世論の批判を受ける前提で、なおも台湾を屈服させる相当な政治的覚悟をもって臨むことになる可能性が高い。

ホームで戦える中国

台湾封鎖で目的を達成できなければ、事態をさらにエスカレートさせる覚悟、つまり武力行使も視野に入れて封鎖に乗り出してくると考えるべきだろう。つまり、もし台湾封鎖が行われるとすれば、それは武力行使の前触れとなる蓋然性が高いと考えられる。

もしかしたら中国側は、武力の行使と捉えられて米国の介入を呼ばないよう台湾封鎖、海上封鎖ではなく臨検と最後まで呼称するかもしれない。ただ、台湾全周を海、空、通信で封鎖することは臨検ではなく台湾の封鎖を意味する。

台湾封鎖を軍事的にはいつでも実施可能な能力を、中国はすでに備えている。米国防総省による年次議会報告書によれば、台湾の対岸の中国沿岸部に配置された射程２００km級の地対空ミサイルは台湾海峡の全域、台湾西岸の一部を射程に収めている。

「Type 055」「Type 052D と呼ばれる「中華版イージス艦」など海軍艦艇が台湾の四方の海域に展開すれば、それらに搭載されている艦対空ミサイル、対艦ミサイルも加わって台湾周辺の全域で、航空機や艦艇を攻撃できる防空エリアを確立できる。これにより、台湾に入出港する艦船、臨検を妨害しようとする外からの介入を攻撃、排除できる「航行禁止区域」や、同じく台湾に離発着したり、接近したりする軍民両方の航空機を撃墜できる「飛行禁止区域」を設定することが可能となる。

中国にとって、この臨検や台湾封鎖は対米紛争を回避しながらも台湾を長期的に締め上げられる魅力的な手段である。なぜなら完全包囲がままならなくても、部分的に台湾周辺を対空ミサイルの射程内に収め続ける限り、台湾への圧迫は続けられ、米軍機も容易には近づけず、完全排除は難しい。

臨検や海上封鎖が長期化すれば船舶保険料は高騰し、リスクを恐れて民間船は近づこうとはしなくなる。数カ月あるいは半年以上にわたり台湾への海上輸送は細ることになる。台湾にとっては長期の消耗戦となり、市民生活と世論への打撃は大きいだろう。長期的には台湾や米国は疲弊を強いられ、台湾の対岸の基地に配備された航空機、艦船、ミサイルを活用するホームの戦いができる中国側は主導権を握り続けられる。

これは仮に米軍が介入を決意して、海上封鎖にあたる中国海軍艦艇や航空機を攻撃して排除した場合でも当てはまる。臨検を行う艦艇を失ったとしても、中国本土沿岸部に重層的に配備された地対空ミサイルが生き残っている限りは（それらを完全に無力化するには中国本土に対する大規模攻撃が必要であり、エスカレーション管理の観点から米軍は容易にはそのような手段は取らないだろうし、取れない）。

こうした地対空防空網と地上配備の対艦ミサイルが健在である限り、米軍との戦闘で中国が海軍艦艇を失ってもなお、地上配備の対艦ミサイルで中国が台湾への海上輸送に対して攻撃や危害を加えることが可能であり、少なくとも台湾海峡側の台湾西岸への民間船舶の航行や寄港は難しい状況をつくり出し続けられる。米中紛争にエスカレートして米軍の攻撃で戦力が損耗してもなお、中国側は台湾の戦意を挫くことが目的の封鎖の効果を達成できるのである。

海上封鎖（台湾封鎖）はそれだけでは終わらず、その後の本格侵攻の前段階である可能性もある。台湾有事の最悪シナリオとなる台湾への本格侵攻について議論したい。

困難な着上陸作戦

台湾本島への本格侵攻は上陸地点の地理的制約、揚陸能力の確保、補給路の維持、複雑な統合運用が必須となる上陸作戦の難易度の高さを考えると、軍事的には極めて困難というのが専門家の一致した見方だ。中長期的にはありえても、短期的には考えにくいという分析がおおむね専門家の間の一致した評価でもある。

たとえば米軍制服組トップのミリー統合参謀本部議長（当時）は、2021年6月に「軍事的手段によって台湾島全体を掌握する能力の開発はまだ道半ば」と指摘している。そのうえで「近い将来はおそらくないだろう。しかし何が起こるかわからない」という言い方をしている。

近い将来の台湾侵攻の可能性を否定する有力な根拠としては、中国軍の揚陸能力が台湾への本格侵攻に必要なレベルに達していないことがある。国防総省ネットアセスメント局での勤務経験がある元米海軍のトーマス・シュガット氏が2022年10月に発表した論考によれば、中国は上陸第一波として1個装甲旅団に相当する装備と2万1000人の兵員を揚陸する能力しかないと指摘している。台湾全島の攻略には到底、足りない規模だ。

民間の輸送船を動員すれば8個装甲旅団に相当する装備と6万人を一度に運ぶことができるという指摘も米国の民間専門家の一部にあるが、そうだとしても台湾全島を迅速に占領するには十分な兵力ではない。民間フェリーや輸送船を大量に動員することができたとしても、防御力に欠ける民間船が台湾海峡を米軍の攻撃をかいくぐって渡れるのだろうか。強行すれば甚大な損害を伴うことになると見られている。

大規模な上陸作戦ではなく、特殊部隊や空挺部隊を投入して首都や政経中枢を電撃的に押さえるシナリオもあるが、攻撃側にとっては賭けとなる。迅速に空港や港を押さえて味方の後続部隊や補給の受け入れを確立できなければ、少数の部隊は孤立することになるからだ。ウクライナ紛争の開戦時、ロシア軍が目指したのはまさにこの手法で、ウクライナの首都北方にある国際空港を少数の空挺部隊で電撃的に占領して援軍を空輸で受け入れ、首都キエフを一気に奪取してゼレンスキー政権を倒そうとした。その賭けは失敗し、戦況は膠着状態になっているのはご存知の通りだ。

統合作戦「ロジスティクスの悪夢」

一方で中国は、民間輸送力を活用した上陸訓練を繰り返し、かつ中国版の海兵隊の整備や揚陸艦の建造を続けるなど、課題克服の手を緩めていないことも事実だ。

米国防総省も2021年版の中国の軍事力に関する議会報告書のなかで、中国の旺盛な建造能力により、短期間で洋上移送の手段を建造できる可能性を指摘しており、現状、十分な揚陸能力に欠けているからといって、中国の急速な課題克服プロセスを過小評価して安心するのは禁物だろう。ひたすら課題解決のためのPDCAサイクルを愚直に回している中国が相手だけに、今日の能力不足をもって明日の侵攻リスクがない、と決めつけることは危険としかいいようがない。

侵攻に必要な能力が不足しているから侵攻はないだろう、という決めつけを諌めるのは元CIA中国分析官だったデニス・ワイルダー氏だ。「能力ベースで脅威の有無を私たちは評価しがちだが、中国指導部は状況ベースで判断する」と指摘する。

つまり「能力が十分にないから攻撃を諦める」という思考ではなく、「状況が許すなら、状況が有利になったから今しかない」と能力が多少、不足しても決行を判断する思考回路だという。自分と同じロジックで相手も動くという思い込みは、悲劇的な結末につながりかねない。揚陸能力が十分でなくても本格侵攻がもしかしたらあるかもしれない、という柔軟な思考を持っておきたい。

とはいえ、揚陸能力が十分であるかどうかにかかわらず、数万人以上とそれを支える装備を運ぶ上陸作戦はさまざまな機能、役割を同期させて動かす「ロジスティクスの悪夢」とでもいえる複雑な統合作戦だ。

事前の準備だけでも数カ月以上を要し、物資の調達も計り知れないくらい広範囲に及ぶもので、こうした準備作業を衛星による監視や電波傍受、公開情報の解析などを駆使する米軍の監視網をかいくぐって進めることは不可能だ。上陸作戦の準備は外国から見られている前提で進められることになるだろう。その際、大規模軍事演習は上陸作戦の意図を隠す典型的なカムフラージュ手段となるだろう。

カムフラージュが施されるとはいえ、私たちの眼前で作戦の準備作業は行われ、メディアでも報じられるだろう。その意味では、台湾への本格侵攻には必ず兆候がある。

CNASシミュレーション――勝者のいない泥沼の戦い

では、本格侵攻はどう展開していくのだろうか。ここでは2022年5月に米国のシンクタンクCNASが行ったシミュレーションをもとに、想定されるシナリオを考えてみたい。CNASは米民主党に近いシンクタンクで、バイデン政権にも多くの政府幹部を輩出していることで知られる。このCNASによる「Dangerous Straits」というタイトルのレポートでは、2027年における台湾侵攻を想定した米中紛争が勝者のいない泥沼の戦いとして描かれている。

詳細な軍事的解説は本書の目的ではないため省くが、関心のある読者はこのCNASによるシミュレーションに加えて、CSISが実施した「The First Battle of the Next War」も参考にされれば、台湾侵攻の軍事的シナリオや注目すべき軍事的ポイントを把握できる。

ここではCNASシミュレーションを参考にして、中国による台湾侵攻がどのようなシナリオで展開されるか、日本企業の事業活動にどのような影響が予想されるか、について要点を述べたい。各企業の経済安保や危機管理、戦略インテリジェンスを担当する方々の実務上の参考になれば幸いだ。

前述のCNASシミュレーションでは、紛争の結末は描かれていない。開戦から膠着状態になるまでの戦闘を模擬している内容となる。米国役を演じるのは現役の下院議員や元国防総省の文民幹部、中国側を演じるのは元議員アドバイザーや中国専門家で、軍事的合理性に基づけば中国はどう出るか、というロジックで台湾侵攻を描いている。前述の海上封鎖などはなく、通常戦力による全面対決となる米中紛争が題材だ。

沖縄や日本本土も攻撃対象になりうる

日本のビジネスパーソンが自社の事業継続やリスク低減を考えるうえで重要な視点を、このシミュレーションから抜き出してみたい。

まず、台湾有事では沖縄や日本本土も攻撃対象になりうるという点だ。シミュレーションでは中国側が米軍の動きを封じて一気に台湾を統一するため、在日米軍基地へのミサイル攻撃を行っている。ターゲットとなったのは横田、厚木、岩国、佐世保、嘉手納、横須賀、三沢、呉の各基地だ。

ＣＮＡＳレポートは「日本の参戦を引き出さないために自衛隊基地や日米共用の基地への攻撃を避け、米軍専用の基地だけを狙うこともありうるが、米軍基地の警備にあたるであろう自衛隊部隊に犠牲が出れば結果は同じ」だと論じている。そのため自衛隊の基地への攻撃も想定しておかなければならない。

それらの基地の近傍に所在する事業拠点には、何らかの影響が及ぶことを見越した危機管理体制の構築が必要になるかもしれない。また、それらの基地や自衛隊施設に納品や役務の提供を行っている事業者も従業員の安全確保や危機における事業遂行計画を準備しておく必要がある。上記の基地周辺に居住する従業員とその家族の安全確保のための注意喚起も必須となる。

攻撃による影響を受ける可能性があるエリアはまだほかにも多くあるが、すべての事象を想定しようとすると危機管理策は際限がなくなるので、身体や生命、中核事業への影響度や深刻度、蓋然性などをパラメーターに優先順位や取捨選択する範囲を特定することが重要となる。

高高度で核兵器を爆発させる

シミュレーションが示す、もう1つの注目ポイントは戦火が周辺国にも広がる点だ。具体的には米軍が爆撃機を展開するフィリピンは参戦こそしないものの、米軍に9カ所の基地の使用を認めていることから中国から交戦国と見なされる恐れがある。

米国の同盟国のオーストラリアも当事国となるだろう。オーストラリア北部のダーウィンには米海兵隊がローテーション配備されて訓練、出撃の拠点となっている。近郊の基地には米本土から爆撃機も定期的に展開している。西部のパースには米の原子力潜水艦が寄港しているなど、オーストラリアはグアムと並んで米軍の重要拠点であることから中国によるミサイル攻撃を受けるリスクが高く、シミュレーションでも攻撃対象となった。

最後のポイントはさらにシリアスだ。シミュレーションでは中国側が米軍を思いとどまらせるために威嚇として高高度で核兵器を爆発させている。選ばれたのはハワイ近海の上空だ。ハワイには核爆発による被害はなかったものの、核爆発で発生する電磁パルスが周辺の航空機や艦船の電子機器をダウンさせたとしている。

核兵器を使った威嚇や脅迫は米政府も国家防衛戦略などで警告しており、決して使われることは考えられなかった核兵器が今後は実際に使用されることになるかもしれない、恐ろしい時代になりつつある。

そんな時代に台湾有事の発生が懸念されていることを、私たちは我が事として知っておくべきだろう。シミュレーションでは核を使った威嚇や脅迫のメッセージがしっかり届く場所、しかし核戦争にエスカレートしてしまうような犠牲が出ない場所が選ばれるであろうことを示している。シミュレーションでは米インド太平洋軍の根拠地となっているハワイの近傍が選ばれている。

三正面での危機対応が発生する最悪のシナリオ

リスクになりうる場所がどこなのかを見極める際には、こうした軍事戦略的視点を踏まえることも重要となる（なお、中国側を演じている米国の専門家は、根拠もなく中国の動きを演じているわけではないことを強調しておきたい。軍事合理性や中国のこれまでの言動、兵器の配備や開発から推測される意図を専門家が敷衍して役割を演じたものだ）。

また当該シミュレーションでは示されていないが、台湾有事発生時は北朝鮮が何らかの挑発行動や軍事行動に出るリスクがあることは、米国の安全保障専門家の間ではコンセンサスとなっていることも付言しておきたい。

米軍のリソースや国際社会の注意を台湾から分散させる狙いから、中国が北朝鮮と連携を模索するのでは、という見立ては根強く言われてきた。国際社会の注意を逸らすうえで最も効果的なタイミングは、中国が軍事行動を起こす前だろう。中国にとっては臨検や海上封鎖の直前に朝鮮半島情勢が緊迫化するのが絶好のタイミングだろう。

最悪の場合、日本政府も日本企業も台湾有事の際は台湾および中国、フィリピン、日本国内、そして韓国の三正面での危機対応が発生することになる。

認知バイアスの罠

では、私たちビジネスパーソンは台湾有事の兆候をつかんで、的確な対応をすることはできるのだろうか。

ワシントンに駐在していた頃、かつて中国を専門にしていた元米海軍大佐に訊ねたことがあった。軍事演習が兆候になるので受け身を取れるのでは、という意味を込めての質問だったが、情報将校だった彼は「それは難しい」と一蹴したのであった。

元大佐いわく、それは人間には警戒すべき兆候が目の前で発生しているにもかかわらず「まさか、そんなことはないだろう」と思いたがる認知バイアスが働くからだという。ウクライナ侵攻がその典型例だ。ウクライナ侵攻の前年の11月から米メディアは米政府からのリークをもとに侵攻の可能性を報じていたし、米政府もウクライナ政府に対して度重なる警告をしていた。

それにもかかわらず、ウクライナのレズニコフ国防相（当時）はロシア侵攻の4日前の時点でも「明日、明後日に侵攻があるというのは適切ではない」と地元テレビで語っていた。4カ月近く前から、国境沿いに集結するロシア軍17万人がいよいよ侵攻の最終準備段階に入っていたというのに、だ。

ゼレンスキー大統領自身も、侵攻の12日前までは「パニックを起こす情報は我々の助けにならない」という発言をして侵攻が迫っているという説を一蹴していた。あのウクライナ政府ですら目の前の国境沿いにロシア軍の大軍17万人が集結していても「まさか」と受け入れることはできなかったのだ。ましてや平和呆けの私たち日本人が、危機の高まりを機敏に受け入れて行動することなどできるだろうか。

ウクライナの例は、目の前に明らかな兆候があっても、人間は希望的観測でそれを見落としてしまうこと、実際に敵の姿が地平線や水平線に現れて、ようやく人間は認めたくない事実を受け入れられることを物語っている。

侵攻の「機会の窓」が開く瞬間

元大佐によれば、もう1つ「捻《ひね》り」が加わるとさらに厄介だという。それは慣れ、だ。中国が侵攻するときは「軍事演習やサイバー攻撃、小競り合いの演出など緊張を高めたり弱めたりを繰り返して、危機に対するある種の慣れをつくり出す。その慣れによる隙をつく」ことが予想されるという。

大規模軍事演習や海上封鎖で緊張を極限まで高めておいて、最後に矛を収める。しばらくすると、また動員をかけて緊張度を上げる。それを繰り返すうちに、「またか」という緊張への慣れが生じ、こちらは疲れも相まって「次もすぐに終わるだろう」という思い込みと希望的観測が生まれるようになる。その瞬間が、まさに中国にとって侵攻の「機会の窓」が開く瞬間なのだという。

２０２４年４月、退任にあたってアキリーノ米インド太平洋軍司令官（当時）は『フィナンシャル・タイムズ』紙のインタビューで、中国のこうした手法を「茹でガエル」戦法だと指摘している。少しずつお湯の温度を上げていくことで、実は温度は上昇しているのに慣れによって気づかない、つまり有事（沸騰）が訪れつつあることを認識させない意図があるのだという。

かつて２０１０年代、米国をはじめ西側各国は中国が南シナ海で環礁を埋め立てていることに抗議をしていた。７つの人工島が出来上がったときは驚き、そこにミサイルや戦闘機が配備されたときには「人工島は科学調査が目的」という中国の説明は嘘だったと怒りの声が上がったものだったが、やがてそれも鳴りを潜め、今では南シナ海に中国軍の基地が７つ出現した事実にすっかり慣れてしまっている。

台湾有事でも、目の前で具体的な事象が起きているのに危機の到来を認識できない、認識しない。そんなことにならないようにするには、周りが「まさか」とか「そんな大袈裟な」とか「考え過ぎだよ」とか言っているときにこそ、果敢に行動することが危機管理の要諦となるだろう。みんなが右だろう、と言っているときこそ、左の可能性を真剣に検討するのが危機管理担当者の腕の見せ所であり、経営者のアンテナの高さ、鋭さが問われるところだ。

「もしかしたら」を危機管理に活かす

本章の最後に、企業担当者が台湾有事対策、危機対応にあたって留意しておくべき事項に触れたい。軍事的観点から台湾有事を詳細に分析したいところだが、経済安保をテーマとする本書の趣旨から外れるうえ、紙幅にも制限があるため要点の指摘だけに留める。詳細な分析や対策策定にあたってのインサイトが必要な方は個別にコンタクトをいただければと思う。

これまで述べてきた通り、台湾有事における台湾封鎖や軍事侵攻という決定的かつ究極的な事態の展開を正確に予測することは難しい。しかしその一方で分析をしっかりすれば（というか意識をしっかり持てば）、兆候となる具体的事象は必ず視野に入ってくるはずだ。

それを捉えて迅速に、そして果敢に対策をアクションに移すことが重要となる。担当者が声を上げ、経営サイドがそれを真剣に受け止める「もしかしたら」を決して過小評価しない共通認識があれば、きっとリスクの最小限化につながるだろう。不幸にして被害が生じてしまったとしても、前広に、かつ迅速に打てる手を打っていれば、株主や社会に対する説明責任も取締役としての善管注意義務も果たしたことを理解してもらえるだろう。

重要なのは、空振りを恐れない、批判しない、良しとするカルチャーだ。たとえば従業員の台湾や中国からの退避を考えたとき、明確な形で緊迫していなくとも（そもそも素人にもわかるくらい明確に緊迫したらもはや手遅れだ）、大事を取って早めに退避を決めるのは1つの見識だろう。結果として有事に発展せず、空振りに終わったとしても、それによって発生したコストを危機管理のリテラシー向上のレッスン料だと前向きに捉えるくらいの割り切りと発想が結果として従業員の命を守り、事業基盤を守ることになるのではないだろうか。

そうした取り組みや意識が心理的安全性につながり、担当者はちょっとした兆候でも気になったことがあれば随時、声をあげることができるようになる。そうなれば経営サイドも、見過ごしリスクを最小化できることになる。

政府はアテにできない前提で手を打つ

経営層が認識する必要があるのは、台湾有事は発生する蓋然性は高くない一方、一度、発生すれば企業の事業基盤、日本の存立基盤を揺るがしかねないリスクであるという点だ。常に緊張感をもって眼を光らせておくべきリスクではないが、担当者による定点観測を定期的にアップデートして、小さな兆候を過小評価して退避や危機対応のチャンスを逃さないようにしたい。

残念ながら、台湾有事では日本政府の意思決定や情勢把握がどこまで迅速かつ正確に行われるか、保証はない。政府はどうしても慎重な発想や法律による縛りを受けて、大胆な予測を予防的に行うことは期待できない。米国からの情報提供を受けたとしても、米国の許可がなければ国民に公開することはできない。米国自身もどれだけタイムリーに、自国民に対して避難勧告を出すかわからない。

危機管理担当者の間では「現地のアメリカンスクールやブリティッシュ・スクールの動向が参考になる」という都市伝説を聞くが、欧米企業や欧米の商工会議所などと緊密に意見交換をして、温度感を把握しておくことは確かに有用だろう。

外務省による渡航勧告で明確な危険がシグナリングされた段階では、もはや空の便は飛んでおらず、避難の手段は断たれているかもしれない。政府そのものが未体験の事象に戸惑うことになる。企業の側は、政府がアテにできないという前提で自社で手を打つ準備をしておくべきだろう。

「過度に恐れる」べき

しかし、ハレーションを気にして危機を想定した対策が進まない実情も一方ではあるようだ。かつて沖縄で米海兵隊太平洋基地政務外交部次長を務め、今は台湾外交部フェローのロバート・エルドリッヂ氏の論考によれば、台湾在留の日本企業関係者コミュニティでは台湾有事の議論を避ける空気があるという。

特に台湾当局者や、台湾関係者からインプットを受けている日本の台湾研究者からは「台湾リスクを過度に恐れると事業機会を取り逃す。中国の思う壺だ」という日本企業への指摘を聞く。それも一理あるが、台湾有事が不幸にして実際に起きてしまったときの従業員と家族の身体、生命、事業活動、そして日本そのものの安全へのインパクトの大きさを考えれば、むしろ「過度に恐れる」べきだと筆者は考える。現地への配慮から備えるべきことに備えず、議論すべきことを議論しない、ではなく、悲観的に備えて楽観的に待つ、がいいのではないだろうか。

とはいえ実際には、経済安保リテラシーのある企業は台湾有事に関するリスク軽減策や事業継続計画、従業員退避の手順や態勢の確立、サプライチェーン途絶リスクへの対応を静かに始めている。そうした動きは、中国政府の手前もあって公《おおやけ》にされることは少ない。筆者も経済安保を担当する企業関係者と交流、意見交換を通じて学ばせてもらっているが、実にさまざまな業種の企業がさまざまな視点で台湾有事リスクに関心を持っていることに驚かされる。

その視野は、台湾での従業員と家族の安全確保から主要スタッフ退避後の工場操業や事業の継続、調達先の複線化・分散化や供給網の域内完結、主要部品の在庫の積み増し、金融制裁を想定したキャッシュ・ポジションのコントロール、本社機能や主要役員の分散、分担の体制構築、究極的には中国や台湾での事業の停止や資産の接収を見越した判断プロセスの策定、従業員の身柄拘束までも視野に入れたリスク管理などなど、各社とも悩みながら自社にとっての最適解を見出そうと努力している。

指定公共機関、基幹インフラ事業者に指定されている企業は日本国内でも対応が必要となる。たとえば日本本土が攻撃を受けている武力攻撃事態であってもサービス提供の継続を国から求められることは十分に考えられる。インフラ事業者だけでなく、それらの事業者に物品や設備を納入して支えているサプライヤーに課される責任もまた大きいものになる。有事という極限状態においても、そうした役割と責任をどのような態勢で全うするのかも台湾有事リスクが投げかける日本企業の課題だ。

台湾有事リスクをどう社として見積もるのか。リスクが許容範囲だと判断するもよし、そうでないならばリスク管理のＰＤＣＡサイクルを回すもよし。リスク受容度やリスクへの敏感度は個々の企業の事情によって異なって当然だ。重要なのは、まずは台湾有事リスクと正面から向き合い、その分析・評価を始めることだろう。それが経済安保インテリジェンスでもある。経済安保インテリジェンスについては、終章で改めて論じることとしたい。

第4章

デジタル安全保障

——「データの武器化」とデジタル敗北

外国のサービスを利用するたびに富とデータが海外へ流出

『日本経済新聞（電子版）』（2024年1月15日、5月9日）の記事は、日本の「デジタル敗北」の現状をこんな言葉で表現している。

国際競争力のあるクラウドサービスを日本勢が持たないなか、日本企業がDXの名の下に米国のクラウドサービスの導入を進めた結果、米国のプラットフォーマーへの支出が増加している。

「デジタル小作人」

財務省が発表している国際収支状況（2024年2月発表）によれば、2023年のサービス収支でデジタル関連（著作権等使用料、専門・コンサルティング、通信・コンピュータ・情報サービスを合計）の収支はおよそ5兆5000億円余りの赤字だ。この5年で2倍に膨れ上がったという。日本企業がDXを進めれば進めるほど、クラウド活用など海外勢のデジタルサービスへの支出がかさんでいる。構造的にせっせと自分の稼ぎを米国のクラウド事業者への支払いに充て続け、サービス赤字を悪化させている日本の姿を「デジタル小作人」とは、確かに言い得て妙だ。

だが、感心している場合ではない。私たちの日々の生活に目を転じても日本の「デジタル敗北」は顕著だ。少し古いデータになるが、2019年に新経連が発表したレポートによれば、1・5兆円あるインターネット広告市場のおよそ50～70％、定額制の音楽配信サービスの75％を筆頭に、ECサイト市場の25％、定額動画配信サービスとゲームの市場でそれぞれ20％を、米国勢を中心とする外国事業者に握られている。最新のデータでは、外国勢シェアはもっと増えているかもしれない。支払いはドル建てのため、円安が加わればコスト増のダブルパンチにも見舞われる。日本の「デジタル敗北」の惨状は「デジタル小作人」というより、むしろ「デジタル奴隷」といったほうが適当かもしれない。

もちろんGAFAM（Google, Amazon, Facebook, Apple, Microsoft）のサービスは便利だ。筆者自身も毎日、利用している。ユーザーはその効用に応じて使えばいいし、いたずらにそれらに規制をかけろとも言うつもりはないし、規制をかけても日本の産業力は強化されない。問われているのはDXやクラウド活用でどんな新たな付加価値や産業を生み出せるか、だ。

しかし日々、GAFAM（最近はTikTokやSHEINなど、中国事業者の台頭も著しい）のサービスを使い続けるたびに日本から海外に国富が流出していることは認識しておくべきだろう。国富とはお金であり、データだ。

サブスクという名で料金を支払うたびに利用履歴、購買履歴、位置情報、決済情報、個人の属性などのデータを外国事業者に私たち日本人は献上し続けている。そのデータで外国事業者はマイクロターゲティング広告をブラッシュアップさせて、さらなるマネタイズ（収益化）のスパイラルにつなげている。この循環サイクルはほぼエンドレスといっていい。

外国事業者のサービスを利用するたびに、日本の富とデータがほぼ永続的に海外に流出し続ける構造は、デジタル分野での産業政策上の課題であると同時に経済安全保障の問題でもある。

データが持つデュアル（軍民両用）性

データで戦争もビジネスも行う時代になっている今日、データは富を生み出し、国家の安全保障も左右する戦略物資となった。単に「ビジネスの世界だから放っておいてほしい、あれこれ言うべきではない」と市場に任せておけばいい、という状況ではなくなっている。事は一企業、一産業の栄枯盛衰だけにとどまらず、国民全体の生活や権利、国家の安全保障に関わるレベルになってきている。

その理由は、データが持つデュアル（軍民両用）性である。前述の通りデータを使ってマイクロターゲティング広告に応用すれば、それはマーケティングという経済行為となり、それを影響工作として認知戦に応用すれば、軍事行動や諜報活動になるという意味において、データは軍民両用性がある。データは産業競争力の強化でも、安全保障でも強力なツールになりうることから、今やデータを持つ企業だけでなく、社会や政府も一緒になって保護、活用のあり方を考えるべき戦略的資産になった。

取り調べのようなTikTok公聴会

データを経済安保上のクリティカルなイシューとして捉えている米国は、すでに先行している。

バイデン大統領は2024年2月28日、米国人の個人データや連邦政府のデータを大規模に懸念国に移転することを防止する大統領令に署名した。懸念国とは中国やロシアなどを念頭に置いていると見られていて、懸念国が個人データを悪用して個人（米国民）をターゲットにした詐欺、恐喝、監視や言論の弾圧に使用することになれば、国家安全保障上の脅威になりうる、という問題意識が背景にある。

今、その米国がデータという観点で神経を尖らせているのがTikTokだ。

「TikTokはユーザーがスマホでタイプしたもの、位置情報、通話相手、声紋や指紋などの生体情報など、あらゆる情報を集めている。1億5000万人のアメリカ人の機微な個人情報を集め、我々が聞くもの、見るもの、信じるものをコントロールすることもできる。このアプリは禁止されるべきだ」（ロジャース米下院エネルギー商業委員会委員長）

2023年3月23日の米下院エネルギー・商業委員会。

TikTokの周受資CEOが出席して行われた公聴会は、いきなり冒頭から委員長の「宣戦布告」で始まった。

5時間に及んだ「マラソン公聴会」。居並ぶ議員たちが次々と周氏に「YesかNoで答えろ」と迫る様子は、まるで取り調べのようでもあった。中には「虚偽証言は連邦犯罪だぞ」と凄む議員もいた。

Griffith 議員
「多くの国が TikTok は中国共産党の一部だと考えている。Yes か No で答えてほしい。TikTok は中国共産党の一部なのか、それとも一企業だというおとぎ話を主張するのか？」
Joyce 議員
「TikTok はアメリカ人のポケットに入っているスパイだ」
Palmer 議員
「あなたは透明性とこの場で何回も言っているが、すべて欺瞞だ」

TikTok とは、中国企業が運営するショート動画投稿アプリだ。世界中で10億人ものユーザーがいて、とりわけ10代、20代の若者の間で爆発的に人気となっている。米国でもユーザー数は1億5000万人以上いて、アメリカ人の若者の3分の2近くが使っているとも言われる。

筆者も小学生の娘に尋ねたところ、学校では TikTok 上のダンス動画を友だちで真似て踊ることが大流行していて、どうも小学生のトレンドの発信源にもなっているらしい。しかも、Z世代の若者にとってはエンタメだけでなくニュース源にもなっているとされ、若者はTikTokというレンズを通じて世界を認識しているといっても過言ではない。

歌や踊りのエンタメ系のショート動画が中心で、それにZ世代と呼ばれる若者が群がる、と聞けば企業が放ってはおかない。若者へのリーチを狙って錚々《そうそう》たる大企業から中小企業までマーケティングや採用、広告宣伝に活用している。日本においてもインフルエンサーにTikTok上で自社商品を宣伝してもらったり、話題性のあるダンス動画をからめて爆発的な再生回数につなげたりして広告業界で話題になっている。

対中強硬の空気が広がる米議会においてでさえ、連邦議員自身が選挙戦で若者へのリーチを狙って活用していたりするなど、TikTokは今、若者を捉える最強のマーケティング・ツールの1つとなっている。

中国への情報漏洩リスク

そんなアプリに米国議会はなぜ、これほどまでに怒り心頭なのか。

米国が最も問題視しているのが、中国への情報漏洩リスクだ。中国の国家情報法は「いかなる組織や個人も国家の情報活動に協力しなければならない」とする。

この法律を根拠に中国政府がデータ提供を求めたら、データを抱える中国企業は拒否できないのではないか。そんな疑念がくすぶっている。

そうなればアプリの利用履歴、位置情報（行動履歴）、タイプ履歴（検索履歴）、遠隔操作でスマホのカメラやマイクを起動することによる音声データ、画像データといったユーザー情報が中国当局に流れてしまうのではないか。情報機関を中心とする米国政府の懸念はそこにある。これだけの個人の思考や行動に関するデータを大量に取得できることは、人の脳みその中を覗き見ることに等しいといってもいいかもしれない。マーケティング、スパイ活動、世論工作を仕掛けたい側にとってはとてつもない武器になる。

ＥＵ、英国、カナダ、豪州、台湾も規制を実施

こうした懸念を背景に、米政府はすでに政府の公用携帯でのTikTok使用を全面禁止しているほか、複数の州政府でもこうした規制が実施されている。これは米国だけでなく、ＥＵ、英国、カナダ、豪州、台湾も追随して同様の規制をかけている。中国と国境紛争を

抱えるインドは世界で唯一、Apple ストアや Google ストアから排除して政府での使用だけでなく一般ユーザーの使用も禁止する踏み込んだ措置をとっている。

ちなみに日本政府は、機密情報を扱う政府端末での利用を事実上、禁止している。

2023年3月、米議会の公聴会でFBIのレイ長官と米最大の情報機関であるNSAのナカソネ長官（当時）は揃って、こうした懸念を裏付ける証言を行い、TikTok が取得するアメリカ人に関する膨大なデータが中国の諜報活動に使われる恐れを指摘している。

TikTok 側はその可能性を否定しているが、米情報機関は中国共産党が国家情報法を通じて TikTok の親会社である中国のバイトダンス社から膨大なアメリカ人ユーザーデータにアクセスできると見ているのだ。

Eshoo 議員「国家情報法7条で安全保障目的で中国政府がデータの提供を求めるとあるが、どうやってそれを拒否できるのか」

周CEO「中国政府が我々のデータにアクセスした証拠はないし、アクセスを求められたこともない」「すべての懸念は『かもしれない』という仮説のものばかりだ」

TikTok側もこうした米国側の懸念を踏まえて、米国人ユーザーのデータを米本土のデータセンターに移したうえで、米国のセキュリティ専門家の検証を受けながら米オラクル社にデータ管理を委託する案を提案している。

「他の米国テック企業も採用していない高いレベルの対策」（周CEO）と誇るTikTokの提案は、米連邦議員たちの懸念を払拭するには至らず、公聴会では「1億人以上のアメリカ人のデータを中国共産党が諦めるわけはない」（Eshoo議員）と一蹴されている。

ちなみにTikTokはこの計画を「プロジェクト・テキサス」と名付けているが、テキサス州選出の議員から「テキサスとは自由と透明性を象徴するものだ。テキサスの名前を使われるのは迷惑だ」と嫌味を言われている。米国の不信感は根深い。

分断と党派対立が深刻化している米国政治において、対中強硬路線が唯一、超党派で足並みが揃うテーマとなって久しい。TikTok問題でも普段は議場でいがみ合っている民主、共和の議員たちが、仲よく「オール・アメリカ」で舌鋒鋭く周CEOに迫ったのであった。出席議員の一人いわく「周さん、あなたはプーチン以外、誰もできなかったことを今日成し遂げた。民主党と共和党を団結させたことだ。今日という1日だけでも我々は一体となったのだ」と皮肉った。

中道派もリベラルも賛成

超党派に蔓延する中国に対する不信感、警戒感は米国の世相とも一致する。公聴会後に行われた世論調査（ピュー・リサーチ・センター実施）によれば、50％のアメリカ人がTikTokへの規制を支持している（反対は20％）。

筆者が注目したいのは支持政党別の内訳だ。安全保障に関心が高い共和党支持者の中道派の60％、保守派の70％が規制賛成なのは理解できるとして、筆者にとって意外だったのは民主党支持者の反応だ。

一般ユーザーのTikTok利用を禁止することは、表現の自由の制約にもつながりかねない、非常にセンシティブな問題だ。政治的に見ればハードルが高い問題であり、特に選挙前に提案することは議員にとっては賢明とはいえない。ましてや人権問題は、民主党の1丁目1番地ともいえる政策テーマだ。

その民主党支持者のなかで、意外なことに中道派の間では賛成が多数（賛成49％、反対19％）であるほか、人権問題により敏感な党内左派のリベラル系でも賛成36％、反対32％

とわずかながら賛成が上回っていることは注目に値する。民主党のバイデン大統領もTikTokの一般利用を全面禁止する踏み込んだ内容の法案を歓迎する旨表明していて、人権的観点から規制に慎重と見られていた民主党内にも確実に警戒感が広がっている。

ユーザーを誘導する世論工作、影響工作

前述の公聴会の１年後となる２０２４年４月、米上院はTikTokの親会社である中国のバイトダンスが１年以内にTikTokの米国事業を売却しなければ米国内でのTikTok利用を禁止する法案を圧倒的多数で可決した。その後、バイデン大統領は法案への署名を終え、法制化されている。

TikTok側は、「TikTok禁止は合衆国憲法が保障する表現の自由に抵触する」として米政府を提訴している。次の焦点は、長く続くであろう法廷闘争の末に米国の裁判所がどのような判断を下すのか、と、中国政府が対抗措置も含めてどのような出方をするかだろう。

なお、米国での「TikTok禁止法」の成立を受けてＥＵのフォン・デア・ライエン欧州

委員長は、ＥＵ内での TikTok 利用禁止措置の可能性について「排除されない」と述べている。

ここまで TikTok が目の敵にされるもう1つの理由として、リコメンド・アルゴリズムを操作して米国人ユーザーを誘導する世論工作、影響工作のリスクがある。米国の多くの若者がエンタメやニュースを TikTok に依存している。

TikTok はユーザーが見た動画の傾向を分析して次の動画をリコメンドするが、米ＦＢＩはこのリコメンドのアルゴリズムを操作すれば、中国政府が特定の動画だけを見せてユーザーの意識を誘導できる、と懸念している（ただＦＢＩをはじめ、米政府機関は TikTok のリスクについて指摘する一方で、ソースコードの分析などを踏まえた技術的な問題提起を具体的に行っていない）。一部の情報では、米上院に対して情報機関が、TikTok が中国による米国世論工作に使われている実態に関する機密ブリーフィングを行い、そこで明らかにされた衝撃的な実態が、上院議員たちを禁止法案への賛成に動かしたとの見方も出ている。

他方で、TikTok が中国寄りのナラティブや情報の拡散に使われるのでは、との懸念はすでに具体化している。台湾の民間研究機関である台湾ＡＩラボは「2024 Taiwan Presidential Election Online Information Manipulation Analysis Report」のなかで、２０

24年1月の台湾総統選挙に関連して、TikTok上での中国に関するコンテンツの62%が中国による台湾統一に好意的な一方で、台湾に言及したコンテンツの95%が否定的な内容だったとするレポートを発表している。

これについて台湾の無任所大臣は、日本ファクトチェックセンターとの対談のなかで「これらの数字はあまりにも不自然。インフルエンサーへの影響工作、アルゴリズムの活用といった影響工作があるように見える」と指摘している。

ここで指摘しておきたいのは、懸念されていることは何も珍しいものではなく、ネットビジネスではごく当たり前に行われている手法でもあることだ。使う目的や使う側の属性によってそれは影響工作と見なされたり、マーケティング活動と見なされたりする。

ユーザーの属性や位置情報、閲覧履歴、検索履歴などのデータを元に、ユーザーのプロファイリングを行い、その人に最も「刺さる」であろう情報（広告）をピンポイントで届けて、購買意思の形成と購買行動を促す手法はマイクロターゲティング広告と呼ばれる。

AIの進化は国力の増進を左右する

データはビジネスの基盤であり、大前提だ。デジタル時代においてはどんなに素晴らしい商品、サービス、企業であっても、インターネット上に存在して検索表示されなければ、消費者はそれらを知ることもないし、手に取ることもなく収益機会は訪れない。あなたの会社や商品のデータが存在しなければビジネス上、あなたの会社や商品は存在していないのと同義なのだ。

あなたがパソコンやスマホで検索したり、メッセージを送受信したりすることはデータを取得したり共有したりする行為であり、データを媒介にコミュニケーションをしていることになる。データはコミュニケーションの土台であり対象であり手段になっている。

とにかく良質なデータをいかに大量に集めて、的確に素早く分析して、そこで得られた知見をビジネスに応用できるかがマネタイズに直結する。データが多ければ多いほど分析精度は上がるので、データを大量に持つ者が優位を得られることになる。

FBIのレイ長官の言葉を借りれば「データは今やCoin of the Realm＝現代の貨幣」

であり「良質なデータを持つ者がパワーを得る」時代に入ったということになる。大量のデータが日々行き交うTikTokに、ＦＢＩをはじめ米情報機関が神経を尖らせる理由はこの点にある。

そして、データの価値はＡＩの到来によりさらに高まっている。

ＡＩは社会を大きく変え、軍事、経済における優位性も左右するとされる先端技術だが、そのＡＩの進化には大量の良質なデータが欠かせない。TikTokは大量のデータを日々、取得、流通させているプラットフォームであり、そのデータでＡＩはさらに「賢く」なるだろう。ＡＩの進化は国力の増進を大きく左右する。だからこそ、米国はデータを必死に守ろうとしている。

購買意欲の代わりに恐怖や不安を喚起させる

データとＡＩの組み合わせがもたらすインパクトは、ビジネスの世界だけにとどまらない。

たとえば、軍事の世界では認知領域が「第６の戦場」としてクローズアップされている。そこではデータとそれを処理するＡＩ（アルゴリズム）が決定的に重要な役割を果たす。

認知戦とは、相手国の政治指導者や国民の心理、認知に影響を及ぼすことで、政治的混乱を起こしたり、望ましい方向に相手国を誘導したりすることが目的だ。真偽を問わず動画やテキストメッセージをＳＮＳ上で拡散させて、相手国の国民の間に厭戦気分を蔓延させて軍事介入を諦めさせる、といったことがその典型だ。台湾有事において、TikTokを舞台に米国の若者や世論に向けて米国の関与を諦めさせる言説を拡散させて、米軍の軍事関与を阻止して勝利する、といったシナリオがわかりやすいだろう。

そうした作戦を展開する際、普段から蓄積してきた膨大なユーザー情報をＡＩで分析すれば、どの地域にどのような年齢や職業の人が住んでいて、その人々が好きなもの、嫌いなものは何か、つまり何に反応するのか、把握できる。データ量が多ければ多いほど、プロファイリングの精度は上がり、効率的にターゲットにリーチして望ましい効果を生み出すことができるわけである。ここまでは世界中で行われているマイクロターゲティングの手法と同じだ。

ここから先が問題で、通常のビジネスと違うのは、あとは人々が最も反応しそうな論点や切り口で、メッセージやショート動画を拡散させて購買意欲の代わりに恐怖や不安を喚起させて、意思決定を混乱させる、あるいは諦めさせる点にある。

前述の個人情報やデータを活用すれば、おおむね支持政党や政治的志向、人物像を特定することは難しくない。たとえば保守的な政治的志向を持っていることがわかれば、そうした属性の人たちが反応する論点、怒りや分断を誘発できるトピックを選んで混乱を生み出したり、政府不信を喚起したりして日本としての意思決定や統一的行動を妨げる、といったことが可能となる。まさにTikTokに対して米国政府が懸念するのは、こうしたシナリオだ。

余談になるが、検索エンジンも同様に日本国民の思考、行動、属性に関する膨大なデータを収集する手段であり、検索結果の表示アルゴリズムを操作できれば、行動や思考を誘導する世論工作のプラットフォームになりうる。デジタル安保、経済安保の観点からは国民的SNSアプリに加えて検索エンジンも国産であることが望ましいが、実態は真逆であるのが現実だ。

軍事力（抑止力）とは意思と能力の掛け算だと言われるが、いくらハイテク兵器を揃えていても、それを使う意思が形成されなければ軍事力は発揮できない。政治指導者や軍人がいくら笛を吹いても国民がついてこなければ誰も踊れない。まさに相手の意思を挫くことで「戦わずして勝つ」ということになる。

これほどまでにデータとＡＩ（アルゴリズム）を使った影響工作や認知戦がホットイシューになっているのは、有事ではまさに相手の意思を挫くことで「戦わずして勝つ」ということになるし、平時においては相手国の国民を望む方向に誘導したり、国家的意思の形成を阻害したりすることができるからだ。

史上最悪のOPMハッキング事件

データの活用（悪用）は、諜報の世界ではすでに行われている。２０１５年、米政府の連邦職員の人事記録を保管しているＯＰＭ（連邦人事局）のデータベースへのハッキングが発覚した。米議会調査局によれば、２０００万人以上の米連邦政府公務員と請負業者、それらの配偶者のデータが漏洩した「史上最悪のハッキング事件」だ。中国によるものと見られているこのＯＰＭハッキング事件では、機密情報取り扱い資格（セキュリティ・クリアランス）の取得申請の際に記入した書類「ＳＦ－86」も漏洩したと見られている。もしこれが事実であれば、ＣＩＡをはじめとする米国の情報機関員、米軍関係者の機微な個人情報や人事情報が中国に渡ったことになる。

ＳＦ－86に掲載されているのは、18歳以降に関わったすべての人物の氏名と住所、外国渡航歴、交友関係、借金の有無、医療情報、納税記録、金融資産リスト、酒癖、麻薬使用歴、異性関係などに及ぶ。

ハッキングが行われた２０１５年当時はまだＡＩが本格的に実用化されておらず、人力でこれだけ膨大なデータを解析し活用することは難しかった。それらの大量のデータは活用されず、いわば「宝の持ち腐れ」であったが、近年、ＡＩによるビッグデータ解析が可能になると状況は大きく変わった。ＡＩ解析を活用すれば、このビッグデータから効率的に「酒癖が悪い」「借金を抱えている」「麻薬使用歴がある」といった弱みを抱える米連邦職員や情報機関員のスクリーニングが容易となったからだ。その結果、中国の情報機関による対米工作、特にリクルート工作が洗練化、効率化しつつあることが報じられている。

「ガバメント・アクセス」のリスク

データが諜報活動に利用されるリスクを示した象徴的な例がもう1つある。2019年に米国政府が中国企業に対して当該中国企業が買収を完了したマッチングアプリ「Grindr」（グラインダー）を売却することを命令した事例だ（その後、中国企業は命令に従って売却）。

Grindrは世界最大のLGBTQのマッチングアプリで、1日当たりのアクティブユーザー数は300万人に上るとされる。そこではユーザーの性的嗜好やHIV感染ステータスまでやり取りされており、アプリ側はそうした個人情報を収集していたとされる。ユーザーには米軍関係者や情報機関関係者も含まれており、センシティブな個人情報が外国政府に漏れれば、スパイに仕立て上げるための脅迫材料に使われるリスクがあった。

一度は完了したM&A案件を白紙に戻させるという、極めて強引かつ異例の対応に米国政府が出た理由は、中国企業がGrindrが持つ米政府職員に関する機微な個人情報を取得すれば、中国政府が同企業にデータの提出を命じて取得されるリスクを懸念したものと考えられる。企業が持つ技術情報や業務情報に強制的に外国政府がアクセスしたり、情報を提出させたりすることは「ガバメント・アクセス」と呼ばれる。

ガバメント・アクセスで外国政府によって取得されたデータは影響工作や選挙介入、サイバー攻撃、自国企業の優遇、産業スパイ行為、軍事転用、人権弾圧などに使われるリスクがある。データを海外企業と共有する（データの越境移転が発生する）場合、日本企業が注意しなければならないリスクの1つだ。

なお、合併を白紙にするよう審査し命令を出したのは対米外国投資委員会（CFIUS）と呼ばれる国防総省、商務省、財務省、国務省などで構成される委員会組織で、外国資本による米企業の買収、合併が国家安全保障を脅かす可能性があると判断した場合に当該投資の中止を命じることができる。審査対象は軍事企業に限られず、技術、インフラ、データに関わる分野に及ぶ。

特に最近は、機微なデータを保有する企業への投資案件の審査が厳しくなっているとされている。健康データ、チャットやメッセージサービスの通信データ、位置情報データ、生体認証データがそれにあたるが、今後はマスキングされた匿名の個人情報であっても、その情報管理体制について厳格な審査が予想されるだろう。

米国の省庁横断の審査機関ＣＦＩＵＳは、日本にとっても参考モデルになりうる。この間、日本政府も外為法改正により、外国投資家による対内直接投資の審査をかなり厳格化したり、財務省、経産省、外務省などの連携を強め、同盟国との協力も進めたりするなど、データに関わる外国からの投資に対する感度を高めている。

特に経済産業省の安全保障貿易担当も経済安保時代におけるデータの戦略的価値に強い問題意識を持っており、国家安全保障局や総務省の一部の間にも同様の認識が広がりつつある。着実に霞が関も動き始めているものの、問題を見抜くデジタルに関するナレッジを備えた専門人材の補充、体制の強化は必須であり、今後、政治も含めて日本としての体制整備を後押しする必要がある。

搭乗者を監視する「コネクテッドカー」

データがこれだけ経済安保の重要イシューとして浮上している理由は、そのデュアル性にあるのは前述の通りだ。ＡＩやカメラ、センサー、プログラムなどの先端技術はデュアルユース、軍民両用ゆえに安全保障と経済、つまり国家の領域と私たちの毎日の暮らしの領域の両方に入り込んで、国家活動だけでなく私たちの生活行動に関するデータも幅広く取り込んでいる。

マイクロターゲティング広告、自動運転、生体認証、ＡＩ、クラウドの活用などはその典型例で、ビジネスにも軍事にも用いられる両用技術であり、日々、膨大なデータを収集している。そのデータの収集範囲の広さと規模の大きさ、そしてデータの使い方やその目的によっては利活用にも悪用にもなりうる。

私たちの生活に関わるあまりにも広範囲なデータを大量かつ継続的に収集できるため、それをマネタイズにも諜報目的にも軍事目的にも応用できてしまう。

中国製の「コネクテッドカー」や「スマートカー」と呼ばれる、自動運転の車をめぐる議論がいい例だ。２０２４年２月、バイデン政権は商務省が中国製の自動運転車両が国家安全保障上の懸念に当たるかどうか調査を開始する、と発表した。コネクテッドカーには多数のセンサーやカメラが搭載されていて、常に品質とサービスの向上のために搭乗者をモニターしている。走行中の車外も撮影、把握している（でないと自動運転ができない）。

品質向上のためのモニタリングであれば顧客満足を上げるための活用になるが、同時に搭乗者がどこを走り、車内で何をしているのかを監視しているという解釈もできる。レモンド商務長官は2024年3月、MSNBC（米国のニュース専門放送局）に出演し、「中国製のスマートカーは米国人の位置情報、行動パターン、生体情報、接続したスマホの情報を北京に送信している」と警鐘を鳴らした。

もちろん大統領選挙の8カ月前というタイミングだけに、自動車労組へのアピールという政治的狙い、米自動車産業の保護という産業政策上の狙いもあると考えていいが、コネクテッドカーがデータを収集するセンサーの塊であることの国家安全保障上の懸念を米政府が持っていることの意味を軽視してはならないだろう。

オンラインゲームが犯罪グループやテロリストの連絡手段に

面白いところでは、ゲームとVRも同様に俎上に載っている。

「悪意ある国家主体が、デジタルメディアへの直接投資を悪用して情報操作や偽情報の拡散を行う恐れがある」（カナダ・シャンパーニュ科学・産業・イノベーション担当大臣）としてカナダ政府は2024年3月に、ユーザーのデータを収集する双方向型のオンラインゲームやVRを使ったデジタルサービスを提供するカナダ企業への外国企業の投資や買収について、厳しく審査することを明らかにした。

オンラインゲームはオンライン決済、カメラへのアクセス、チャット機能があり、それらの有無がカナダの国家安全保障を害するかどうかの判断基準に含まれるという。ちなみに、オンラインゲームのチャット機能を犯罪グループやテロリストが連絡手段に使っているとの見方は根強くある。

一方で、懸念国の企業が提供するコネクテッドカーやオンラインゲームはすでに市場に出回っており、一度、生活に根ざして定着してしまった製品やサービスを完全に排除するのは現実的ではないことを考えると、米加両政府の方針は実効性が乏しい対応と言わざるをえない。今後、規制をどう具現化させるのか、させないのか、注視したい。

コネクテッドカーやオンラインゲームだけではない。センサー機能があって持続的に機微なデータを収集し、かつ通信機能があってデータを外部送信できるデバイス、いわゆるＩｏＴ機器であれば、コネクテッドカーやオンラインゲームと同様にリスクになりうる。

その典型はタブレット型端末だ。海外では特定の組織や団体、たとえば学校に対して、バックドアを仕込んだタブレットを善意を装って無償配布してデータを取る諜報的手法が懸念されている。狙われるのはタブレットの使用履歴、アプリの利用情報だ。

たとえば将来の政治家、官僚、研究者、サイバー専門家、諜報機関幹部を輩出するエリート教育機関やエリート校をターゲットにすれば、将来のエリートや専門家になるであろう人材の個人情報、知的レベルが推測できる学習履歴、嗜好や弱みを表す問題関心、エリートたちの思春期に培われた本当の交友関係、恋愛関係といったデータを蓄積できる。これらは敵対国にとっては事業、諜報、安全保障上の貴重な学習データになりうる。

そうした悪意ある「データの武器化」を防ぐためのセキュリティ（サイバー、物理的、心理的）への理解を学校や自治体、企業に定着させていくことも、今後の経済安保上の重大なテーマとなりうる。デュアルユース性のあるデータがさまざまな領域で価値を高めるなかで、経済安保、諜報、ビジネスが重なり合う領域やケースは今後、ますます増えていくだろう。

日本語生成ＡＩがカギになる

データはビジネス、軍事、諜報、ひいては世界の覇権をも左右する戦略資産となった。同時にデータは武器として悪用されるようになり、安全保障上の脅威にもなりうるようになった。

そうした「データの武器化」に伴って自国のデータを自国内で自国のために活用することを目指すデータ主権の考え方が各国で出てきている。データをうまく利活用し、同時に守っていかなければ企業も国家も生き残れない時代になっているからである。

米エヌビディア日本代表の大崎真孝氏は『日本経済新聞（電子版）』（2024年2月26日）の「ソブリンＡＩの重要性」という記事で、データという資産を使って自国内で独自のＡＩをつくり出す重要性を各国が理解し、世界中で国家レベルの取り組みが急加速している、と指摘している。

「デジタル敗北」した日本が今後、デジタルの分野で産業競争力を取り戻すうえで、筆者は日本語生成ＡＩがカギになると見ている。せめて母語である日本語の生成ＡＩくらいは主導権を確保しなければ、本当に一生、「デジタル奴隷」から脱することはできない。

安全保障面も懸念される。生成ＡＩが企業や学校などに今後、組み込まれていくことは間違いない。日本が事業活動、教育活動、知的活動といった国家の神経機能、認知機能を外国のＡＩやシステムに依存することになれば、産業競争力だけでなく、安全保障面でもリスクとなる。

日本のデータを海外に大量・継続的に流出させる事業スキーム

どう日本企業は盛り返せるのか。

こうした問題意識を日本政府も持っていて、政府による直接投資を行うなど、官民挙げて開発に取り組んでいる。特に注目したいのは、ＮＴＴやＮＥＣが取り組んでいるＬＬＭ（大規模言語モデル）のパラメーター数を抑えた「小型軽量」な生成ＡＩだ。

どちらも軽量であるため、開発期間や費用、消費電力が抑えられるほか、企業が自社のサーバーで運用できるというメリットがある。セクターや個社ごとにカスタマイズができ、業種ごとに特化した使い勝手のいい日本独自のＬＬＭに商機を見出そうとしている。

ここでも重要なのがデータだ。

生成ＡＩには学習データが不可欠で、良質なデータを学習させればＡＩはさらに賢くなる。業種やセクターに特化した小型の生成ＡＩに日本勢が勝機を見出そうとしているならば、その成否を握るのは産業やセクターの技術情報、業務情報などのデータだ。

たとえば工場の業務に特化した生成ＡＩには工場での業務に関するデータが当然、必要となる。工場に特化したＡＩをつくりたい外国の主体にとっては、日本企業が社内に持っている工場の操業、セキュリティなどのデータは宝の山である。

ここで厄介なのは、合法的な事業の一環として、日本の資産ともいえる各企業が持つ業務データ、ユーザーデータ、技術データが海外の企業に移転されるケースだ。個別企業の事業活動に政府が介入することは厳に慎むべきであるし、介入する場合も最小限に留めるべきだ。他方で、たとえば個人情報保護法や外為法などに触れないが、戦略物資である日本のデータを海外に大量かつ継続的に流出させる事業スキームが今後、出てきた場合、それを私たちはどう捉えるべきなのだろうか。

各国が国を挙げてＡＩ開発競争を繰り広げるなかで、そうした事業行為、投資行為は国益に適うものなのか（その是非や該非をどのような基準で誰が判断するのか、できるのか）、一企業の事業合理性だけで判断してしまっていいものなのか、今後、経済安全保障、産業政策の両面から、官民での議論が必要なのではないだろうか。

デジタル安保の柱とは

民間データの利活用と保護のバランスのあり方を経済安保、諜報活動、産業競争力の観点から模索する「デジタル安全保障」が経済安保の次の中核テーマになるべきだと筆者は思う。

デジタル安保の柱としての論点になりうるのは、以下の3つだろう。

①不法、違法にデータを取られることを防止するために、サイバーセキュリティを強化する。合法な事業、投資活動によって国民生活にとって重要なデータが海外移転しないように、基幹インフラ事業者が保有するデータおよび生成AI開発用のデータの国内保存を義務づける。外国主体によるデータの取得の有無の審査を厳格化する。

②セキュリティと産業競争力の観点から、日本企業の参入を支援する。

③データ規制や利活用、デジタル政策の遂行を可能とする政府のデジタル対応力、技術検証能力を強化する。

上記の柱を具体化させる政策は、次の通りとなる。

①生成ＡＩ開発用のデータや基幹インフラ事業者が持つデータを守るうえでヒントになるのが、ヨーロッパで提唱されている「ソブリン・クラウド」（主権クラウドともいう）だ。クラウドサービスを米国事業者がほぼ独占するなかで、独仏は米国政府によるガバメント・アクセスを懸念して、政府機関のクラウド（日本でいうガバメント・クラウド）や重要インフラ事業者にソブリン・クラウドの利用を義務付ける、というものだ。

ソブリン・クラウドを運営するのは独仏の自国企業で、管理者権限も持つ一方、技術は米国企業のものを従来のように活用するもので、セキュリティと利便性のいいとこ取りを目指している。ソブリン・クラウドであれば、重要データを防護するサイバーセキュリティやガバメント・アクセス対策を確保しながら、自国におけるデータの保護と利活用が理論的には両立できることになる。

②また、ソブリン・クラウドが優れているのは自国企業を関与させることで、いわゆるデジタル領域にありがちな米国事業者が総取りする寡占に一定の歯止めをかけつつ、自国

産業の関与を担保している点だろう。

どの国も安全保障上、一定の防衛装備品（武器）の生産基盤や技術基盤を維持しているように、デジタル領域においても自国企業で完結できるサイバーセキュリティ能力や技術的検証能力といったデジタル技術基盤を主権国家として維持するべきだ。サイバー後進国となれば、外国企業への過度な依存により国富が流出するだけでなく、国家安全保障すら危うくなりかねない。

ＩＴベンダーのエキスパートを政府専属の部隊に

日本のデジタル安保には、とりわけ政府の技術的検証能力が重要だ。ＩＴ事業者の主張を技術的に検証できずして、どうやってデジタル政策や規制を推進できるのだろうか。残念ながら、外国の事業者が必ずしも協力的とはいえない対応に終始することも過去の例としてある。

非協力的な企業が基幹インフラ事業者であったら、どのように当該企業の届出が実体と合致しているかどうかを検証するのか。当座をしのぐための虚偽の届出をしていないか、どうやって見抜くことができるのだろうか。

経済安保推進法は、基幹インフラ審査における立ち入り検査や資料提出を命じる権限を主務大臣に与えていて、それを拒否したり虚偽の対応をしたりすれば、罰則が設けられている。その権限を実効的に行使するにはデジタルやＩＴに関する知見は必須だが、政府が持つリソースだけでは荷が重い。

それを解消するために、ＩＴベンダーのエキスパートを政府専属のお抱え部隊として契約し、セキュリティ・クリアランスを取得したうえで基幹インフラ審査やデータやデジタルにまつわる海外からの投資案件の審査に充てる、というのはどうだろうか（高度ＩＴ人材は枯渇しており、質と量の両面で人材を育成しなければ、日本のデジタル安保の基盤は固まらないのは言うまでもない）。

事業者のデータを日本国内に閉じて保護する

現在の経済安保推進法の発想はハード偏重で、データに対応したものになっていない課題もある。基幹インフラ審査の制度がいい例だ。同制度は、基幹インフラの設備がサイバー攻撃などの妨害行為を受けることによってサービス提供が停止したりすることのないよう、設備の概要、設備の維持管理、委託先などの情報を主務大臣に届け出て審査を受けるものだ。法律の建て付け上、設備の安定的運用、つまりハードウェアに着目しているが、データが保護されているかどうか、という視点は薄い。

サービスは安定運用されているがデータは海外に取得、保存されている、あるいはサービスを停止することなく、気づかれずにデータだけを盗み出す、ということが起こりうる以上、結果として基幹インフラの設備は妨害を受けずに安定的な運用を守ることができたが、設備に保存されているデータは流出してしまった、ということが起こりうる。そうなってしまっては、基幹インフラを真に守ったとはいえないだろう。

サービスが外部からの妨害行為で阻害されないようにする、ということに加えて、基幹インフラ事業者が持つデータを日本国内に閉じて保護する、という観点を法の運用と審査基準に加えるべきだと筆者は考える。

そのために審査基準に取り入れられるものとしては、まず基幹インフラ事業者に対して、政府が求めるセキュリティ基準を満たしたクラウドサービスの利用を要件化することがある。具体的にはＩＳＭＡＰ（政府情報システムのためのセキュリティ評価制度）がその候補になるが、ＩＳＭＡＰ取得のクラウドの使用を義務化することで、懸念国やグレーな国のクラウド事業者を日本の基幹インフラから排除することが可能となる。

次に、重要データを貯めるクラウドを安心安全なものにしたうえで、その重要データを国内保存することを審査で義務化することで、基幹インフラ事業者が持つ重要データ（その多くは利用者のデータ）を日本国内で保存、利活用する環境を整えられる。

国内事業者の参画と成長を促す

また、経済安保推進法における特定重要物資の確保に関する支援や特定重要技術の開発支援（いわゆるＫプロ）にも応用していい。たとえば、Ｋプロにより国の助成金などを受給した企業にＩＳＭＡＰへの準拠を義務付けることも一案だ。当然、特定重要技術の開発の技術情報などのデータは国内での保存を要件とし、海外への越境移転は原則禁止とするべきだろう。そうすることで税金を投入して確保する技術や物資に関するデータの国外流出を食い止めることになる。

加えて、たとえばＡＩ開発用の計算基盤やデータセンターの整備などで国から助成金を受けた場合、税金の支援を受けて整備した計算基盤を外国企業や外国主体のＡＩ開発プログラムに流用するといったことがあれば助成金を没収したり、場合によっては何らかの罰則を設けるのも一案かもしれない。

デジタル安保には、規制だけでなく国内事業者の参画と成長を促すことも重要となる。国内事業者をセキュリティ分野で利用することは産業競争力にとってもプラスであるし、安全保障の観点からも外国依存の低減にもなるメリットがある。

日本企業を応援する観点から、経産省の「情報セキュリティサービス基準審査登録制度」への登録を政府調達において義務付けることも一案だろう。この制度は、一定基準の技術要件や品質管理の要件を満たしたセキュリティサービスを経産省がお墨付きを与えて登録するものだ。脆弱性診断、デジタルフォレンジック（不正アクセスなどサイバー犯罪が行われた際の証拠の収集や保全、分析の作業）、セキュリティ監視サービスなど主に５つの領域で、ユーザー側は上記サービスの事業者を選定する際に専門知識がなくても、いわば経産省からお墨付きを与えられた「安心・安全な業者」を利用できるメリットがある。

このセキュリティ基準を政府の公共調達に義務付けることで、民間での取引においてもデファクト・スタンダードとなっていけば、品質が保証されていないベンダーや悪質で背景が不明なセキュリティベンダーを排除することができる。結果としてユーザーサイドの日本企業が安心安全な日本のベンダーやセキュリティ会社を利用する、というエコシステムに少しでもつながっていくことが期待できる。セキュリティの分野で外資系だけでなく、安心安全なサービスを提供する日本企業の成長を応援することにもつながる。

実際、外資系企業のなかには背景が不明であったり、日本企業をカバー（隠れ蓑）にしたりしている懸念国の企業がある。そうした背景が不明な悪質セキュリティベンダーが日本でマーケットシェアを拡大させていることは、経済安保、サイバーセキュリティ、データ保護の観点から注意が必要だ。

「デジタル自給率」の向上へ

一般的に日本の優良大手ベンダーはコストが高い傾向にあるため、セキュリティへの投資を惜しむ企業のなかには、ただ安いかどうかだけで業者を選定するところがある。最近、問題となっているのは、日系や米国系なら数百万は最低でも取られるところを数十万円という破格の安さを謳っている業者が某懸念国の資本だったり、懸念国企業のフロント企業であったりすることだ。

これでは、脆弱性診断やペネトレーションテスト（侵入テスト）と称してシステムを見せたら、マルウェアを仕込まれて重要データを抜き取られるということにもなりかねない。数十万や数百万のコストの差を惜しむあまり、泥棒に家の中を見てもらって防犯アドバイスをもらうようなことをすれば脆弱性診断どころか、脆弱性を埋め込まれて貴重なデータを抜き取られることになりかねない。

デジタル安保への一歩は、政府公認の認証制度の審査を通った信頼ある日本の事業者やセキュリティ・クリアランスを取得した専門人材を育て、日本人による日本のための安心で安全なサービスの普及を社会としても応援すること。つまり外資に依存しない日本発のデジタルサービスを日本として育成支援して、それが日本の国力になっていく「デジタル自給率」の向上だ。

終章

経営に活かす経済安保インテリジェンス

経済安保を経営戦略に活かす5つの要素

企業にとって経済安保とは地政学リスク、政治リスクを経営に反映させることだ。では、経済安保を経営に落とし込もうとする際、どんな点がポイントになるのか。その際に必要となる経済安保インテリジェンスとはどういうものか。経済安保インテリジェンスをどう磨いていくべきかを考えることで最終章としたい。

経済安保を経営戦略に活かすうえで、大きく分けて以下の5つの要素が重要となる。

(1)体制構築、戦略立案は経営主導で
(2)何のために経済安保をやるのか、目的の明確化（ベネフィットに紐づける）
(3)経済安保リスクの把握＝「守りの経済安保」を固める
(4)自社の強みの棚卸し
(5)地政学トレンド、政策や規制の動向を把握、分析し、自社の強みと経済安保トレンドを結びつけて戦略、アクションを導出（＝経済安保インテリジェンス）

第1に⑴、経済安保に関する体制作りは経営の関与や主導が決定的に重要となる。私個人の限られた見聞の範囲では、日本の大企業で現場からの要望というボトムアップで経済安保への対応がローンチされた例は珍しい。ほとんどが一部の役員が関心を持ったり、声の大きな役員が主導したりするケースだ。きっかけもさることながら、体制構築の推進力を維持するうえでも経営の関与は不可欠だ。

これまで議論してきたように、経済安保とはコストや効率性を重視する経済合理性とは真逆の発想を伴うため事業部門の抵抗に遭ったり、ビジネスの常識とはかけ離れた要素に感覚的について来られない社内関係者が出てきたりするからだ。

「ここは効率性やスピードではなく、効率性を落とし、コスト増加を甘受してでもリスクからの安全性や規制対応の確実性をとる」といった判断は事業サイドから到底、出てくる発想ではない。こうした新しい経営指標を浸透させるには、経営のイニシアティブが絶対条件となる。

これはまさに会社の根幹や経営に関わる判断であり、コンプライアンスの発想だけでは導き出すことは難しい。当然、担当する部署も輸出管理やリスク管理、コンプラ、調達部門では、経営判断も伴う経済安保の判断を担うには荷が重い。

社内体制における3つのパターン

ＪＥＴＲＯの藪恭兵氏がまとめたレポートによれば、経済安保に対応するための日本企業の社内体制には3つのパターンがあるという。①専門部署を設置、②関連部署が参加する委員会方式、③輸出管理部門が担当、という3つのパターンだ。

①の専門部署を置くパターンは、製造業の大企業に多く見られる。「経済安保統括室」や「経済安保室」という形であったり、ＣＥＯ室や経営企画部の直下であったりすることが多い。リソースを割く余裕があり、かつ経済安保リスクが事業に直結すると認識しているのが特徴だ。国の事業や防衛事業を受注している企業に、特に顕著な傾向がある。

リソースがある大企業のため、伝統的に輸出管理の担当部署が存在していて、規制対応は当該部局が担い、経済安保の担当部署は社内体制の構築やグループとしてのガバナンスの調整、社内の啓蒙、研修実施、政府などとの対話や情報収集、役員への報告を担うといった役割分担をしていることが多い。

経済安全保障に関わる日本企業の体制構築のパターン例

類型	専門型	委員会型	従来延長型
組織図	責任者（役員級） 指揮命令 ↓ ↑ 報告相談 専門部署 周知伝達 ↓ 関係部署 法務／人事／調達／各事業部／…	責任者（役員級） 最終判断 ↓ ↑ 報告相談 委員会 ・関係部署が参加 ・定例（月1回）または必要に応じて招集	責任者（役員級） 指揮命令 ↓ ↑ 報告相談 貿易管理所管部署（輸出管理室等） 周知伝達 ↓ 関係部署
利点	◆迅速な情報収集や意思決定が行いやすい	◆情報や社内方針の抜け漏れリスクが少ない	◆追加的なコストが少ない
課題	◆人材を含む社内リソースが必要 ※一部企業は兼務などで対応	◆情報収集などインテリジェンス機能の不在	◆法順守を超えた意思決定が容易ではない可能性

出典：藪恭兵「経済安全保障規制の将来、企業の取り組みは」（JETRO地域・分析レポート）

ただ、大企業とはいえ、専任スタッフの人数は数人、多くても10人前後が多い。そのうち数人は兼務だったりすることもある。専門部署だがリスクマネージメントや輸出管理の部署が別に存在している以上、大所帯にするほどの作業量や需要がないということだろう。

とはいえ、日本企業の中では先進的に取り組んでいる部類に入り、経済安保の担当役員を設置して（役員は政策渉外や法務、リスマネとの兼務が多い）経営の関与のもとに経済安保ガバナンスを確立させている企業である。重厚長大産業の社であれば、経産省OBを担当役員に迎え入れて、政府の担当部局との対話やルー

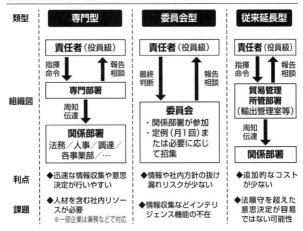

ルメイキングに積極関与をしているケースも多い。
②の委員会方式を採用する社も多い。経済安保の担当者や主管部署を事務局に、関係する部署（購買、法務、リスマネ、海外営業、人事、輸出管理など）が定期的に集まって、経済安保上の課題を議論したり解決したりするスタイルだ。
関連会社や海外子会社でも経済安保担当者をアサインしておいて、委員会を通じて共有された実施事項を所属会社に持ち帰って実行することになる。意思決定のスピードは落ちることになり、調整コストも高いが、関係部署で横断的にコンセンサスを形成したり、経済安保マインドを全社的に広く醸成させたりするには有効なアプローチとなる。

それに対し、専門部署方式だと、経済安保に関する知見は蓄積されやすいが、そのほかの部署など全社的な広がりには欠けることになり、ややもすると専門部署が社内で浮いた存在になりがちになるデメリットがある。
③の輸出規制やリスク管理部署が経済安保を担当するパターンもポピュラーだ。防衛事業があるわけではないが、中国市場でのエクスポージャーはそれなりにある、あるいは米国市場でのフットプリント（プレゼンス）拡大を見据えて米国の規制に関心を持っている、といった社がこれに当てはまる。専門部署を設けるほどのリソースを確保する余裕が

ない社もこれに当てはまる。

このアプローチはまずは省エネでスタートする、という方針に適しているが、発想が輸出管理や危機管理の枠の外になかなか発展しないデメリットもある。経済安保を輸出管理やコンプラという「守り」として捉えて実施していくのに適しているが、それだからこそ規制対応という受動的施策となる傾向が心配される。サプライチェーンの組み替えや研究開発機能の再配置といったダイナミックな危機管理を展開するには、輸出管理部署だけのイニシアティブでは簡単ではないだろう。やはり経営層のコミットが後ろ盾として担保されることが決定的に重要となる。

また、経営企画部の中に経済安保担当を置くケースもある。経営に近いというメリットがある半面、従来の事業合理性に基づいて事業の成長を描く部署が、従来と異なる経済安保ロジックを遂行できるのか、という課題は残ってしまう。成長というアクセルを担う部署がリスク対応というブレーキの役割も果たせるのか、というのも気になる点だ。

事業上のメリットで位置付けるのが得策

体制のあり方の次は、(2)の「何のためにやるのか」だ。

「経済安保で何を達成したいのか」の明確化は組織作り以上に重要となる。これまでの事業の常識や経済合理性に反する施策を社内で推進することや、事業部門に経済安保のロジックを納得させる作業は誰もやりたがらない不人気な仕事だ。「ごく一部の役員が言い出したが、誰もやりたがらないので遠巻きに見ている」（あるプラントメーカー担当者）という状態では体制を作っても、何もできないまま停滞することになりかねない。

私自身もかつて事業サイドの人間から「経済安保というが、何のためにやるのか？儲けにつながるのか？」と真顔で聞かれた経験がある。少なくとも事業部門が熱意を持って対応してくれることは期待できない、と考えるべきだろう。公共調達や防衛事業を通じて政府との接点がある企業でない限り、事業会社ではこうした疑問を持つビジネスパーソンは少なくない。一言でいえば「経済安保は聞いたことはあるが、ピンと来ない」という感覚だ。

当然、法令に基づく判断であれば法令遵守（コンプライアンス）を論拠にできるが、法律に明確に書かれていない領域でのリスク対応となると、「どうしてそこまで悲観的にリスク回避する必要があるのか」と腹落ちしてくれないケースも多い。

筆者が感じるのは法令遵守やリスク軽減だけでは、初めて経済安保に触れる事業部門を説得するには弱いということだ。社内への広く深い浸透や全社的なマインドセットの醸成を目指すのであれば、事業会社である以上、事業上のメリットの文脈に位置付けるのが得策だろう。「ここであえて効率性やコストを度外視して在庫を積みましておくと、有事の際の安定供給やリスク低減となって結果として事業を強くする」といったロジックや「経済安保推進法への遵守をコストや事務負担ととらず、政府のお墨付きを受けた信頼の証としてブランディングする」といった、事業上のメリットに絡めた議論を展開できるかどうかが、経済安保担当の知恵の出しどころだろう。

経済安保で達成するのは、政府の補助金を獲得する、米中両政府ともに敵に回さずに両方のマーケットで事業を続ける、自社の信頼のブランド向上を目指す、経済安保のナレッジや技術を製品化させる、経済安保をきっかけに政府や産業界との関係を構築する、など何でもいい、とにかく事業に貢献する目標、目的を設定して、何のためにやっているのかの目的意識を常に全社で確認することが推進力に直結する。

リスクの洗い出し

何のためにやるのか、目標設定ができたら、次は「攻めるのか、それとも守りを固めるのか、その攻守のコンビネーションでいくのか」、経済安保のアプローチを決めなければならない。

まず、⑶として守りをどこまで固める必要があるのかを見極めたい。

最初に把握しなければならないのは「自社にとって何が絶対に守るべき技術、製品、ノウハウなのか」だ。サプライチェーン管理を考えるうえでは「どの事業や製品がコアで、事業継続を死守しないといけないか」も特定が必要となる。そのうえで、自社の事業が米国や中国の規制に抵触しうるのかどうかのリスクを洗い出すことだ。

伝統的な安保貿易管理がこの範疇に入るし、懸念国への技術情報が漏洩しないか、物理、サイバー両面でのセキュリティ・リスクやサプライチェーンの途絶リスクの特定も含まれる。協業相手、取引先の外国企業が懸念国の影響下にないか、制裁や輸出規制の対象となっていないか、バックグランドチェックは基本中の基本となる。

　台湾有事も広い意味での経済安保リスクであるならば、シナリオベースで影響を分析してみて、どんなリスクがあるかを考えておくことをしていいだろう。これらのリスクが事業に及ぼす影響を数値化することはなかなか難しいが、発生の確率（蓋然性）、影響度（インパクト）を図式化するなり、ヒートマップに落とし込んで可視化するなりできれば、リスク度合いの把握がよりクリアになるだろう。そうなればサプライヤーの変更であったり、セキュリティ体制の強化だったり、どの対応策を優先させるべきかもよりクリアに見えてくるかもしれない。

　中国ビジネスを抱えている社は、反スパイ法や国家情報法を踏まえた最悪を想定した中国リスクを想定しなければならない。普段の出張における情報取扱や行動管理から始まり、台湾有事の際の従業員の退避手順から事業の接収リスクをも見据えた事業継続計画が視野に入ってくる。

「守りの経済安保」ではリスクを特定のうえ、リスクを許容可能なレベルにまで低下させせることが目的となる。リスクを低減させるために何を一律に禁止するのか、どこまでなら事業部レベルでの判断でも可能とするのか、経済安保のガイドラインや基準、手順、はては研修まで経済安保担当の守備範囲は広い。

シェア拡大や新規参入、協業の可能性も

守りを固めたら、次は攻めが可能かどうかの見極めだ。

米中双方の市場でバランスよく、当局の信頼を得ながら事業を継続するのが目的であれば、上記の守りを固めることがメインとなる。他方で、中国でのエクスポージャーを低下させながら米国市場やインドなどクアッドといった民主主義市場を目指すという場合は「攻めの経済安保」の発想で、経済安保や地政学的状況を自社の味方にしていくアプローチとなる。

そのためには、(4)として自社内にそれにマッチする事業領域や技術、製品、サービスがあるのか、あるいはそれらの市場で伸ばす余地があるのかどうかの棚卸しが必要だ。

まずは国内では、先述したKプロや特定重要物資の助成金の対象になるかどうか。経産省独自の補助金制度も調べておきたい。先端半導体であれば、米国のCHIPS法の補助金などを獲得できるかどうかも「ウチには無理」と決めつけずに調べておきたい。

ブランドや技術力、安全と信頼をレバレッジにシェアを取りに行く

　バイデン政権が推進する半導体のバリューチェーンを日米に集約する方向性、ＧＸ（グリーントランスフォーメーション）やＥＶ（電気自動車）、ＡＩ、バイオ、量子技術といった政策重点項目、中国に対する各種規制や制裁から見えてくる「米国が守りたい」あるいは「同志国の中で完結させたい」領域も把握したい。経済安保に起因する大きな政策トレンドとマッチする領域と重なれば、補助金だけではなくシェア拡大や新規参入、協業といった可能性が広がってくるからだ。

　事実上、中国製品が排除されるような先端技術領域であれば、「同盟国・日本」というブランドや技術力、安全と信頼をレバレッジにシェアを取りに行く余地があるかもしれない。

　日本でもセキュリティ・クリアランスが整備され、適用範囲が拡大していけば、機微な技術について海外企業と共同開発したり、場合によってはファイブ・アイズと呼ばれるアングロサクソン諸国の政府事業に参入したりする余地すら出てくる可能性はある（もちろ

んそれには政治判断も伴うので、簡単ではないが)。

今すぐは道がなくとも、セキュリティ・クリアランスや地政学的要請により思わぬB to BやB to Gの事業が広がる可能性は残されているので、大きな構想力、高い視点、大胆な発想で経済安保を逆手にとった事業構想をしてほしい。

これは(5)でいうところの、地政学リスクや経済安保の動向を把握、分析して、それらのトレンドを自社の事業戦略に反映させたり活用したりすることを意味する。経済安保を経営戦略にまで入れ込むことこそが、筆者が提案したい「攻めの経済安保」である。ここまでできるのはかなりの「経済安保上級者」だが、せっかく経済安保に関わるのであれば、単なる守りやコンプラに留まらず、事業成長というストーリーに落とし込みたいと思うのは筆者だけだろうか。

もちろん、これはとてもチャレンジングなもので、ハードルは決して低くない。

経済安保のトレンドを把握、分析する力、それを事業に紐づける発想力、役員をはじめ社内を説得するプレゼン力といった経済安保インテリジェンスの力が必須となる。願わくば、日本企業がこうした経済安保インテリジェンスに価値を見出して高く評価する時代になり、日本企業が当たり前のように経済と安保の均衡点をビジネスにおいて見出し、かつ事業成長にもつなげる時代になったら、と思う。

公開情報をフォローし続けること

では、経済安保インテリジェンスをどう磨けばいいのか、本書の締め括りとして一緒に考えてみたい。

経済安保の担当者の方に「どのように情報収集をするのか」と聞かれることが多い。記者時代も含め、企業シンクタンクで研究職にある今も一貫しているのは、公開情報をフォローし続けることだ。

機密情報や非公開情報を米政府の関係者に教えてもらうのか？　ということも時々訊ねられたりするが、そもそも米国の情報保全意識は日本のそれとはシリアス度が全く異なる。漏洩の疑いがかかれば社会的にも経済的にも破滅を意味するため、どんなに親しくなっても外国人に機密情報の類を共有することはまずありえない。

情報収集の基本は、地道な公開情報のフォローから見えてくる「おや？」という気づきを探すことだ。「おや？」つまり普段と異なる特異点を感じるには、「普段の普通」や「通常の動き」が何であるかをしっかり理解するために、その流れを常にウォッチしていなければならない。普段や普通を知っていなければ、特異や異常に気づくことはできない。

できれば同じソースを（メディアでも専門家のブログでも公的機関のサイトでも）定点観測し続けることで、普段とのニュアンスの違いや記事の切り口が変化したり、新たな論点が出現したりすることに気づけるようにしたい（最低でも1年間は続けてほしい）。

自分の仮説が本当かどうかを検証する

変化や特異事項に気付けるようになると、次のレベルに行く準備ができた証拠だ。

次のレベルとは、疑問を持つことだ。なぜ普段はこうなのに、このときだけこうなるのか、いつもAが不足していて重要だと言っているのに、Aが一向に改善されないのはなぜなのだろう？　といった疑問である。

この疑問が持てるようになってきたら、それに対する答えを自分なりに持ってみることだ。筆者はリサーチや調査、取材、もっといえばインテリジェンス能力とは仮説力であり、質問力であると思っている。

膨大な文献に当たったり、インターネット上の情報を渡り歩いたりしても、ただ情報の洪水に溺れて疲れ果ててしまうだけだ。自分なりの視点、つまり「これはこうなのだろうか？」「なぜこうなるのか？」「次はこうなるのでは？」という自分なりの仮説（視点）を持って、その該非や真偽を検証することがリサーチであり取材であり情報収集だ。ただ闇雲に大量の情報に触れることが情報収集ではない。仮説を検証することが目的意識を持って情報に接することにつながる。

インテリジェンス能力とは質問力でもある。いい質問ができることは、自分の頭で考えている表れだ。仮説がなければ質問は出てこないし、普段から疑問を抱きながら情報や報道に接しているからこそ、いざという時に質問が出てくる。

身も蓋もない言い方だが、よくイベントや講演で質問がまったく出てこないことがあるが、それは普段から何も考えていないか、思考が浅いからだとしか言いようがない（失礼！）。

取材やリサーチとは、自分の持っている仮説が本当かどうかを検証する作業だと申し上げたが、対面でのインタビューも同じだ。「いや、実はさ」とゼロから秘密やとっておきの情報を教えてくれる人間はいない。しかも優秀な専門家であればあるほど多忙である。

特に海外、とりわけワシントンDCでは、優秀な専門家や元政府高官などの多くは1時間当たり500ドルのチャージを取るような立場であったりする。

そんな人物にアポが取れて30分もらえるだけでもラッキーだ。多忙で優秀であればこそ、そうした人たちは常に新しい見方やアイディアに飢えている。それなのにこちらが、これはどうですか、あれはどうですか？　と半ば機械的に質問攻めにしてしまえば、相手は何も知的な収穫がなく興醒めだ。これは日本企業の政策渉外担当者やメディア関係者がやりがちな失敗だ。

やはり、ここは相手の知的好奇心を少しでも満足させられるよう、質問ではなくこちらの考える仮説をぶつけてみることだ（逆にこれができる準備が整わないうちに面会を入れまくるのは控えるべきだ）。英語が拙くてもいい。結局、重要なのは「何を語っているか」だ。日本人の視点、アジアから見た視点はそれなりに面白がってもらえることが多い。特に米国人の専門家は合理的行為者モデルというレンズで「アクターは常に自己の利益に忠実に合理的に動いている」という前提で分析しがちだが、時にそれはアジアの動きを説明するには無理があったりする。

その典型は日本の政治分析だろう。日本の政治が時に政局や政治家の単なる好き嫌いレベルで決定されていたりする事実についてピンと来ない米国人が多いが、そこをアクターごとの相関を交えて、国内政局がどのように対外政策につながっていっているかを説明してあげると、面白がられたりする。

「へえ、こいつの意見は面白いな」と思ってもらえれば、次も会ってもらえるチャンスはグッと上がる。こちらもぶつけた仮説に対するフィードバックをもらえれば、それをもとに必要な修正を加えてさらに仮説の精度をブラッシュアップできる。仮説に対する賛成意見であっても反対意見であっても、あなたのレポート内容をリッチにしてくれることは間違いない。こんな反対意見もあって、その理由はこれこれだ。私はそうは思わないが、例外としてこんなケースでは該当することもあるだろう、といったフィードバックを本社へのレポートに盛り込むことができれば分析や結論の幅は広がり、あなたの報告はより立体的になるだろう。

　仮説を持つと質問力につながり、仮説が改良されて結果として情報分析の精度が上がっていくという好循環を生み出すには批判的思考力が必須となる。その大前提は権威を疑うことだ。有名な学者が言っていることだからといって、鵜呑みにしたり感心したりしている場合ではない。高名な学者だからといって常に精度の高い分析ができているわけではない。やっつけでやった仕事だってあるはずだ。こうだ、と言われたら「本当にそうかな」という疑問を持って、自分で考えてみる癖を身につけてみてほしい（日本人が最も苦手とする動作であることは確かだ）。

「あの人はこう言っていましたが、私はこう思うのですが、どう思いますか？」という疑問、つまり仮説を訊ねて回り、それを修正してブラッシュアップすることが情報収集であり、有識者や外部専門家と会ったときにぜひ試してみてほしい。

一番の有識者は各企業の実務者

こうして集めた分析を上に報告して終わり、ではもったいない。日本企業の「あるある」は「情報のための情報」で終わることだ。重要なのは情報を集めて分析することではない。その情報をアクションに活かすことだ。情報収集をやっているうちに、単なるルーティンとなって何のためにやっているのか、という目的が薄れている企業がいかに多いことか。

情報は次のアクションに活かされて、はじめてインテリジェンスに昇華される。アクションに活かされない情報はインテリジェンスではなく、ただのインフォメーションだ。

なぜ経済安保をやるのか、経済安保で何を達成したいのかの目標が重要だと前述したが、経済安保を事業機会に結びつけるため、という目的がハッキリしていれば、情報収集もおのずと、何がビジネスのネタになりそうか、どこに参入余地がありそうか、という視点で国際情勢や米中の覇権争い、規制や政策の変化を見ることができるようになるだろう。

守りの経済安保を推進するためであるならば、「これは自社の守りの強化につながるか」「自社のリスク管理にどう影響するか」「自社のリスク管理に使えるか」という視点で専門家の話を聞くことになり、おのずと得られるヒントや自分のセンサーに引っかかってくるものも増えてくる。

仮説や自分の視点があれば、外部の専門家に話を聞きに行くのも恐くなくなるはずだ。仮説の検証が目的だとハッキリしている分、聞くべきこともハッキリして迷わなくて済む。その専門家にとっても事業会社が持つ仮説という視点やストーリーは興味深いものだろう。どんどん積極的に外の有識者や政府関係者とも対話してみてほしい。

有識者に会うこともいいが、実は経済安保の一番の有識者は各企業にいる実務者だ。身近なソースは実は社内にいた、ということもある。外ばかりでなく内にもネタやアイディアのきっかけを求めてみるのも悪くない。

経済安保の担当者たちと話をしていると「戦略レベルの国際情勢の動向の話は専門家から聞けるが、実務に反映できる知恵や分析を聞くことはなかなかない」という悩みをよく聞く。

ある大手企業では、とある外部の有識者と月1回、知見の提供を受けるコンサル契約を結んでいた。担当者いわく、抽象的な国際情勢の分析で企業が抱える課題の解決への示唆には薄かったが、担当役員からの推薦だったので月に100万円近いフィーを支払い続けていた。講師もすぐにネタが尽きて、しまいにはインサイト提供ではなく「御社ではどう考えているか？　どうしようとしているか？」と逆質問ばかりしてくるよう有様だったという。

いよいよ、骨太な社員がたまりかねて「あなたは何の価値を我々に提供できるのだ？」と怒り出し、結局、コンサル契約は途中で打ち切られたという。

役員がビッグネームの有識者を思いつきで連れて来たが役に立たなかった、というのは「日本企業あるある」ではあるが、このエピソードを聞いて、筆者はマクロの戦略分析をミクロの企業現場でのアクションに反映させること、変換することがいかに難しいかを痛感した。

他社に仲間を見つけて議論しよう

そうなると、経済安保インテリジェンスの真髄は規制や政治情勢といった戦略レベル、マクロレベルの分析をいかに企業の経営の現場に落とし込むかにある、といってもいいかもしれない。その落とし込みには外部コンサルの伴走を得ることはできるが、結局、社内を説得し、実行するのは経済安保の担当者だ。その意味で、日本の経済安保の本当の主役は企業現場における担当者だ。

政策の視点で見ても、企業の担当者の果たす役割は大きい。経済安保は国が法律や政策でフレームワークを定めただけでは実現しない。経済安保に資する技術やナレッジを持つ企業がフレームワークの中を埋めることに本気にならない限り、経済安保政策は絵に描いた餅となってしまう。企業において経済安保を担う担当者や、それをマネージする担当役員の意識、視点の高さ、スキルアップ、それらを体現する経済安保インテリジェンスが日本の経済安保を左右するといっても過言ではない。

彼ら・彼女らが企業の現場で日々、事業合理性と安全保障（リスク管理）の整合性、均衡点はどこにあるのかを見出すべく悩みながら、ソリューションを導出している。そうした他社の仲間たちと勉強会を定期的に行って、お互いの悩みやノウハウを共有する機会が、私にとってはどんなシンクタンクのイベントやどんな専門家の講演よりも学びがある貴重な場となっている。

日本を代表する企業の担当者たちが、自ら悩んで自ら同僚たちと導き出した施策にはどれも重たい意味が込められていて、そこからは必ず何か学べるものがある。今後、経済安保の道を歩もうとする読者は、ぜひ他社に仲間を見つけて議論することをお薦めしたい。

もちろん、外部サービスや外部のコンサルタントを活用することも必要に応じて行うといいだろう。ここでは具体的なサービス名はあえて挙げないが、外国通信社や米国の独立系調査会社などがオンラインのデータベースを提供している。米国の制裁対象になっている企業や個人にフラグを立ててくれたり、中国共産党との資本関係や人的つながりをマッピングしてくれたりするものだ。

通常のリーガルチェックや反社会勢力のチェックだけでは地政学リスクのチェックには

対応できないため、取引先や協業相手のバックグランドチェックは、専用のサービスを利用すると担当者の負担は軽減されるだろう。なかには社内システムと連携できるサービスもあるので、潜在リスクのある案件や相手先はフラグを立ててデータベース化して社内やグループ内で共有したり、全社でリスクの変化を定点観測したりするといった使い方もできるので、検討してみてほしい。外部の情報サービスやデータベースサービスは、おおむね年間で数百万程度のサブスク代であることが多い。

外部コンサルを活用する企業も多い。新組織の立ち上げや新たに担当になった場合、そもそも経済安保上のどんな論点があるのか、どんな規制やルールがあって、どんな内在論理で動いてるのか、全体を大摑みするうえでは地道に調べるよりも外部に支援を求めてもいいだろう。

コンサルタント会社や弁護士事務所が、経済安保関連の法規制の情報提供やリスク対応の支援を行っている。中国リスクでの具体的な対応策や台湾有事を想定した事業継続計画立案や役員も参加しての実働シミュレーションなどでも、コンサルの支援を受けるケースが多い。社内の体制構築においても同様だ。

外部からの支援を受ける場合、重要なのは「何がやりたいのか」「なぜ、それをやるのか」を明確にしたうえでコンサルを使いこなす目的とリテラシーを持ってサポートを受けることだ。コンサルタントを活用できるリテラシーがクライアントの側になければ、何のためにやったプロジェクトかわからなくなってしまいかねないからだ。

情報のための情報、つまりアクションに活かされない情報がインテリジェンスではないのと同様、アクションのために活かされないプロジェクトは「プロジェクトのためのプロジェクト」だ。

目的や方法を導き出すために、壁打ち相手としてコンサルを活用するのも1つだろう。これは外部サービスを使いこなす目的が明確でリテラシーが高いやり方といえる。壁打ちで論点やアクションのオプションをいくつか明確にできたら、あとは社内で議論するというやり方も自力がつく早道だ。社内外のいろんなアクターと壁打ちをして、多様な視点を得てほしい。

ワシントンに行くことのプライスレスな価値

「攻めの経済安保」で米国をはじめとする民主主義陣営のマーケットを目指すのであれ

ば、米国主導のルールや規制、政策の影響を経営戦略として消化しなければならない。もちろん、米国の規制というリスクへの備えも必要だ。米国は味方であれば頼りになる存在だが、敵対したり規制をかけてくる相手になると、企業にとっては致命的なインパクトを及ぼしうる存在だ。攻めるためにも守るためにも、ワシントンの風向きを常に定点観測する重要性を感度が高い各企業は実感していることだろう。では日本企業はワシントンDCに駐在員を派遣すべきなのか。

ここ最近、日本を代表する大企業がワシントン事務所を開設する動きが出ている。ソニー、東京エレクトロン、サントリーといった企業だ。ワシントンに単独で人を出せる社は限られるが、もし個社で派遣できるなら1人でも2人でもいいので、ワシントンの空気をキャッチするセンサー役として送り出す選択肢はあってもいいだろう。

もちろん東京からもワシントンの政策動向を定点観測することは可能だが、実際に物理的にいることで感じることができる空気感や常時いることで得られるネットワーク、その人間関係から蓄積される知見は、定量的に測れないプライスレスな価値がある。ワシントンでの情報収集や動き方について過去の駐在経験も踏まえて気づいた点をいくつか記したい。

首都ワシントンをはじめ全米各地では、安全保障から自動車、家電、ＩＴなどありとあらゆる分野の見本市やシンポジウムが開催されている。それらのイベントでは、現役の政府関係者が驚くほど率直に抱えている課題を披露したりもする。まさに絶好の情報収集の機会だ。

最初に手を付けるべきは、米国の政策動向、政治動向を把握する対米インテリジェンスの整備だ。日本人駐在員がロビイスト登録して議会などで情報収集に当たる社もあるが、基本は米国人コンサルタントを活用することになる。ここで強調しておきたいのは、彼らに東京から丸投げをするのではなく、日本からワシントンに駐在員を派遣して事務所を構えて活動することがやはり望ましい。なぜなら、物理的に会うことがない外国のクライアントは舐められるからだ。

まずは日本人をトップに下に米国人スタッフ数人というスモールスタートでもいい。とにかく重要なのは実際にワシントンに人を置いて、現地の空気感に触れるフィジカル・プレゼンスを確保することだ。コンサル会社や調査会社に丸投げしてレポートだけを受け取る、というのが最も避けるべきやり方だ。自ら手を動かして足で稼いで苦労も失敗もしなければ、インテリジェンスにはなりえないし、相場観も得られない。

何より発注側に相場観がないことは、米国人コンサルタントたちに容易に見抜かれ、手抜きレポートに高額のフィーを支払うことになりかねない。必ず現地ワシントンにプロジェクト・マネージャーを置いて、情報収集活動や外注プロジェクトの実施を管理、監督し、日本の経営陣に直接、レポーティングするべきである。その体制を組めないのであれば、ワシントン進出は無理にする必要はないかもしれない。

ロビー活動と戦略的コミュニケーション

某大手自動車メーカーはオールスターの米国人ロビイストを揃えて力を入れているが、これを日本企業が個社で行うのは現実的ではないだろう。必要に迫られてどうしてもやる、ということであれば業界団体や企業連合を結成して協力するか、利害が一致する米国企業とパートナーを組むのもあってもいいかもしれない。

戦略的コミュニケーションによる自社にとって好ましい環境や状況の創出というやり方もある。これはロビー活動よりもハードルが低いやり方だ。

戦略的コミュニケーションとは地政学リスクを逆手にとって米政府や議会、世論、企業といった意思決定者や意思決定に影響を及ぼしうる立場にある人たちの信頼を勝ち取ったり、そうした人々の間での自社について望む方向で認識してもらったりするためのコミュニケーション術だ。自社製品や技術の売り込みに際してナラティブやシンボル、イメージといったものを組み合わせて語ることで、認識してもらいたいイメージをステークホルダーに定着させることを狙う。

経済安保のナラティブに落とし込む

たとえば、セキュアなプロダクトを米国に売り込みたい場合、米国市場におけるパーパスを「自由で開かれたインド太平洋の自由と発展に貢献する」と定義して、よりセキュアな民主主義社会の実現に役立てる、というナラティブのなかに、自社の技術や製品を位置付けて、ワシントンのステークホルダーたちに訴えるのだ。

わかる人が聞けば「セキュリティに懸念がある中国の製品ではなく、セキュアな日本製品を」「同盟国、有志国でサプライチェーンを構築してマーケットを形成していきましょう」とやんわりと言っていることはわかるだろう。

ある日本の大手企業が中国当局から自社製品に関して指導を受けたが、結果的にはその求めには応じずに中国市場への展開は諦めて、米国市場をメインターゲットにしたケースがある。

このケースなど、経済安保のナラティブに落とし込んで「私たちは自由な開発や設計で、民主主義国家の安心安全に貢献できる製品やサービスを提供するのがミッションだ。中国当局からの介入を断り、巨大な中国マーケットを断念して私たちは自由の国、米国で貢献することを選んだ」と訴えれば、米国人から拍手喝采、大いにウケることは間違いないだろう。

もちろん、一般消費者には混み入ったこの手のナラティブは浸透しにくいが、米政府関係者、規制当局、米連邦議員、人権団体、メディアの印象はいいだろう。

このケースは、その社にとってはパイが小さい中国市場を諦めるという判断ができることが前提ではあるが、経済安保や地政学リスクを逆手にとって自社のブランドイメージ向上につなげるやり方もあることを示している。ここまでできればかなりの上級者ではあるが、まさに「攻めの経済安保」の一例だといえる。こういう強かな発想で、この地政学リスク時代を日本企業は生き抜いてほしい。

日本企業インタビュー——三菱電機の取り組み

本章の最後に、日本における経済安保の先進事例として三菱電機の取り組みを紹介して終えたい。三菱電機はまさに経済安保の黎明期から日本の経済安保を企業サイドから牽引してきた存在だ。政府との対話、政府への提言も積極的に行い、産業界の声を政府に伝達しながらルール形成でも大きな存在感を示すなど、すべての企業のお手本になる取り組みをしている。

そんな経済安保の先進企業の三菱電機で経済安全保障統括室長を務め、現在は執行役員の立場にあるのが伊藤隆氏だ。伊藤さんは同じ悩みを抱える他社にもアドバイスを惜しまないことで知られ、企業の経済安保実務者の間ではスター的存在だ。

そんな伊藤さんに三菱電機における経済安保の取り組みの歴史、苦労、今後の課題についてインタビューさせていただいた。これから経済安保に取り組む方、すでに取り組んでいる方、経済安保に関心をお持ちのビジネスパーソンの方など、すべての方にとって気づきやヒントがあるだろう。

経済安保にもコントロールタワーが必要

Q　三菱電機は経済安保の先進企業として知られていますが、経済安保の社内体制作りを決意したきっかけとなった出来事がありましたら教えてください。

伊藤　端的に申し上げると、2020年8月に米国で国防授権法（＝国防権限法）によって、当社の半導体製品が中国のファーウェイ向けにサプライできなくなったことがあります。

三菱電機執行役員 伊藤隆・経済安全保障統括室長

その背景には、2010年代後半からデジタルなどを中心に米国と欧州、そして中国でそれぞれの制度の分断が表面化していたこと、2018年後半には米国が投資や知的財産、人材管理といった包括的な技術管理を強化していった流れがありました。

私自身、2018年の終わり頃から「ちょっとまずいかもしれない」と個人的なレベルで動向調査を始めていて、半導体部門に生じる影響を当時の社長や常務にレポートしていたんです。20年4月になると、当時、輸出管理担当役員だった日下部聡《さとし》専務が「どうも様子がよくない」と動き始めて、社内ヒアリングを各所で行いました。

8月になって、これはファーウェイだけじゃない、この動きは長く続きそうだから長期的視点でやらなきゃいけない、経済安保にもコントロールタワーが必要だとなって、専門部署の設置につながりました。

雨が降っていないときに傘を持たせる

Q　社内における経済安保部署の役割を教えてください。

伊藤　私たちが社内に日々お願いしている「技術を守ってください。人材管理をしっかりやってください。サプライチェーンの管理をやりましょう」というのはリスクマネージメントの範疇に入るので、べつに専門部署がなくてもいいんじゃないかって思われがちですけれども、既存部署だとどうしても仕事の範囲をここまでと決めてしまいがちですし、安全保障の話となると縁遠い世界になってしまいます。

私たち専門部署がやっているのは、既存部署がやっているリスクマネージメントの範囲を拡大してもらうとか、サプライチェーンの担当とサステナビリティの担当の部門間連携をやってもらう、とかいったことです。そうやって、リスク制御機能の拡大強化を促していく。その施策の整備まで一緒に作り込みもしますし、実際に伴走するのが仕事です。

Q　安全保障のロジックを事業サイドに理解してもらう際に、ご苦労はありましたか？

伊藤　コンプライアンスにしてしまえば事業部門はやらざるをえないので、実は簡単な話なんですよね。ただ、経済安保は掘り下げていくとコンプラではなくて、リスクマネージメントなんです。つまり、コンプラの領域を超えている話題が結構多いんです。こうなってくると、やはり事業部門との間ではいろいろな矛盾を抱えることになります。

たとえばサプライチェーンでも「ここから調達しているけど、まずい。高くなるけどこっちから調達してほしい」など、雨も降っていないのに傘を持っていってください、という話になります。事業部門にとってみたら、傘なんて持っていく分だけ効率も悪くなるし、そんなこと考えている余裕もない、という話なので、こちらとしては一つひとつ丁寧に解き明かしていくしかないわけです。

危機感のストーリーを合わせ込む

Q　三菱電機の経済安保ポリシーの柱は何でしょうか？　どのような状況を作り出すことを目標にされていますか？

伊藤　私たちの海外ビジネスって、全体売上の半分なんですね。その海外ビジネスの内訳が米国、中国、アジア、欧州で4等分に分かれるんです。そういう意味で、中国のビジネスを犠牲にするとか、米国のビジネスを犠牲にするとかいう選択肢は最初からないんです。

それから宇宙やファクトリーオートメーション、半導体といったビジネスに関わっているわけですから、それぞれの体制に対してきちんと説明責任が果たせるリスクマネージメント体制を敷いておかなければいけない。これが最初に目指したポイントですね。

Q　最初はどんなご苦労がありましたか？

伊藤　やはり認識合わせというか、危機感のストーリーを合わせ込むまでは時間がかかりました。当時、私たちは社長直轄部門だったので月報を役員に出していたんですが、もう誰も、といったら語弊がありますけれど、ほぼ誰からも反応はなしでした。それくらい経済安保って縁遠い話なんですね。「米国で国防授権法ができました。皆さん、注意してください」では誰も聞いてくれないんです。

やはり三菱電機として「ここと取引していると、どこの国の法律に引っ掛かって制裁を受けて事業ができなくなるかもしれない。それによって金額としていくらの影響を受ける可能性があります。だから見直しをしていきましょう」と、かなり具体的な話にまで落とし込んでいくというのは必要ですね。法律を説明するだけでなく、「翻訳」という言い方を社内でしていますが、ビジネスに照らし合わせる形で事業部門に展開していく作業が一番大変でしたし、それを丹念にやることで受け入れてもらえるようになっていきましたね。

Q　なるほど。

伊藤　一方で、事業部門が過剰規制してしまうこともあるんです。そうなると第一線の人たちにとってみると「経済安保統括室がまた余計なことを言って俺たちがビジネスできなくなる。ブレーキをかけられている」ってことになってしまいます。

「いやいや、そこまでは言っていないですよ」とお伝えすることもあります。たとえば中国の規制に対してこちらが過剰に規制をしてしまうと、米国や日本から「何で余計に規制しているんですか？」と言われることもありますから。あくまで明確な規制ラインに沿ってやっていけばいいんだと思います。

Q　防衛事業の存在もあるということが、社内での理解が広がるうえでプラスには働いていることはありますか？

伊藤　あんまり関係ないかもしれません。防衛部門は社内の一部門であり、そこの活動が社内で広く周知されているかというと、残念ながらそこまで周知できていないところがありますし。やはり半導体やファクトリーオートメーションなど先端技術があり、中国やアメリカでそれなりのポーションを持っていますから、彼らの現場でのリスク認識が下地になっていますね。

コアな技術を他国に渡してしまうわけにはいかない

Q　経済安保では中国市場を社としてどう捉えるか、というテーマは避けられませんが、中国というマーケットをどう捉えていますか？

伊藤　三菱電機はモノ作り、あるいは技術の会社なので、社会課題を技術で解決するというのが私たちの使命なんですね。社会課題に溢れているという意味では中国も日本も米国も一緒なわけで、政治体制の問題で社会課題の解決の白黒をつけるということはしていないんです。

一方で中国に限らず、自分たちのコアな技術を他の国に簡単に渡してしまうわけにはいかないので、そこの管理はしっかりやっていこうと。

もう1つ言えることは、三菱電機の中国での製造って、グローバル供給拠点ではないんです。多少、中国の外に出しているものもありますが、ほとんどが地産地消です。他地域も含めて中国も地産地消を徹底していこうと。調達にしても開発にしても中国国内でできるようにしていかなければと思っています。中国での日本人従業員も少なくて、全従業員の1％以下だと思います。ある意味、現地化を進めてきましたし、そのなかで中国での社会課題の解決に向けて進んでいければいいな、と考えています。

Q　グローバルに展開しているなかで、各国の政府に対して自分たちは特定のポジションをとっているわけではない、というバランスで何かご苦労はありますか？

伊藤　企業にとっての経済安保は、国がやっているものとは違って、リスクマネージメントです。リスクマネージメントである以上、私たちはニュートラルにやっています。いろんな国から規制が出てくるので、自分たちの事業や会社の存続を守るためにやっているので、あんまり中国がとか、ロシアがとか、何がよくて何がそうじゃないとかいう実例は語らない、というのは私たちが一番、気をつけていることです。

政府と本音の会話をしたい

Q 日本では政府との対話にも積極的な印象がありますが、政府とのコミュニケーションで気をつけていらっしゃることはありますか？

伊藤 政府には圧倒的な情報量がありますので、それにアクセスしに行くのが重要な情報収集になるのは、どこの企業でも同じかもしれません。

気をつけている点として、1つ目は、外為法の世界で確立されている規制の領域と、経済安保というリスクマネージメントで語られる領域の間に若干、幅があるんです。

政府がこういう施策をとりたい、あるいはこんなことしちゃダメだよ、と言ってきたとしても「それって外為法で規制されていますか？」と。やはり政府の裁量権の幅が大きくなり過ぎてしまうと、企業にとってみるとリスクの予見可能性が低くなってしまう。そこを政府と会話をしながら、政府が考えていることを聞いていきたいですね。

2つ目は、やっぱり本音の会話をしたいんですよ。いわゆる霞が関文学って難しいじゃないですか（笑）。政府が規制をするときに本当に守りたいところってどこなのか、ある程度やっておけばいいところはどこなのか、色分けをしないとリソースの配分もできないので、何が優先課題なのか、政府の危機意識はどこにあるのか。私たちは本音でそういう話をしたいんです。

Q　三菱電機さんは経済安保で積極的にメディアの取材にも応じていて、ブランディングになっていますね。

伊藤　NHKさんから取材依頼が突然きて、1回やってみるかと対応してみたんです。まだ部署が立ち上がったばかりで、説明資料も1枚くらいしかないような黎明期でしたが。NHKで取り上げていただいて、会社のなかでも「見たよ」って言ってくれる人が増えて「そうか。これをやっておくと、会社のなかに対しても説明しやすくなるな」と思ったのが最初にありましたね。

その後はああいう形で出ると、あちこちからお声がけいただくことになるんですよ。よく情報収集って言いますけど、私たちは自ら作った仮説を当てて、その解像度を上げていくことを情報収集だと理解しています。広報部がNHK案件を支援してくれたというのが大きいですが、今ではおかげさまでとにかく外に出て仮説をぶつけていく、ということをやれています。

思考停止は絶対にしない

Q　外部コンサルをどのように活用されましたか？

伊藤　売り込みはたくさんあります。体制構築とか情報提供系とか、そういうコンサルサービスは実は使っていませんし、相談もしていないですね。先ほどの仮説をぶつけるという意味でコンサルの方と話をして、なるほどな、という気づきもたくさんありますから、拒絶をしているわけでもないんです。ただ今、お金を払ってコンサルテーションをしてもらわなければならない喫緊の課題にはぶつかっていないですね。

Q　外部サービスの利用はいかがですか？

伊藤　ご案内の通り、私たちはフロンテオさんを活用させてもらっていますし、ああいう情報サービスだとか、ＡＩを使ったデータベースとかを社内外から調達してくるということはあります。50人や１００人かけてもできなかったことがＡＩでできるようになる、ということであれば、使ってみようかと。

たとえばサプライチェーンのリスクの話を多くの会社の方と話をしていると、２次調達先とか３次調達先とか、上流まで辿ることはできるわけないよね、という話で止まってしまいがちなんですよね。そこで思考停止しちゃう。

だけども、私たちは思考停止はしない。絶対にしない。実際に、海外の当局から説明を求められるということもあるわけなので。その説明責任を果たせるレベルでサプライチェーンを把握するにはどうしたらいいのか、あるいはここまでやりましたが、わかりません、と説明責任を果たせるようにしておくことが大事です。

その一つのソリューションになるのが、ＡＩです。とはいえ、ＡＩって実は私たちの取り組みの中では最下層なんです。

Q　え、そうなんですか？

伊藤　やっぱり地道に、各国の制裁リストを取引データにぶつけるっていう作業をやっています。それをデータベース化して、資材部が調達内容と照らし合わせています。もちろん自動化させていますよ。年に250回も制裁リストは更新されますから。だいたい4万社に上る取引先の当て込み作業をしています。これが第1段階。輸出管理と資材の担当部署の協力がなければできなかったことです。

次の段階が、本当に自社にとって重要物資が何かを特定して、そのサプライチェーンを本当に3次取引先までチェックする。完璧かどうかわかりませんよ。だけど、その努力はしています。2022年の11月にこれを始めて、100万アイテムありますが、その2割くらいは2次、3次まで調達先を見る地道な努力をしていて、そのうえにAIをかぶせる、というのが私たちのやり方です。AIだけを持ってきてポンと置いたというわけではないんです。

経済安保は協調領域

Q　情報収集やロビイングの必要性からワシントン事務所を開設する動きがありますが、その必要性についてはどう思いますか?

伊藤　10年以上前から、小さい事務所を置いて通商などを見ています。現地スタッフの彼とは毎月、情報交換をしていて慣れるまで少し時間がかかりました。拙い英語で1時間くらい一生懸命、説明しているうちに「伊藤はこういうことに興味があるのか」と会話が成立していくようになっていきました。

私は、経済安保は非競争領域、つまり協調領域だと思っているんです。日本でも積極的にいろんな方々とお話ししますけど、同じようにワシントンでも、日本企業にはいろんな方と情報交換してもらいたいと思いますね。

Q　経済安保人材の育成、確保をどのようにされていますか？　内部養成ですか？　それとも外部登用ですか？

伊藤　現在、経済安全保障統括室は総勢13人（うち2人が兼務者）で本務者は11人ですね。

スタートは3人でした。社内を駆け回って人を集めましたが、最初は「なんですか？それって何やるんですか？」という状態でした。

今の11人のうち4人は去年の経験者採用です。残りの7人のうち2人も他部署で、経験者採用で入ってきた経緯があるので、三菱電機でずっと育ってきたわけではない人間が多いですね。官庁経験者やシンクタンク出身もいますし、一般企業出身でも輸出管理をやっていた人間もいますが、通商問題とかを専門に扱っていた人たちばかりというわけではないです。あと、社内公募で来るケースもありますね。

それから、私自身も含めて2人が省庁や経団連への出向を経験したりもしています。残り3人がそういう意味では三菱電機で純粋培養されていますが、それでも海外会社に出向したりするので、いい意味でダイバーシティがあります。

Q 国際関係や公共政策に関心がある方が多いのでしょうか？

伊藤 そういうバックグランドを必ずしも持っているというわけではないですが、今の国際環境や社会情勢に高い関心を持っている人を集めている、というのは事実ですね。国際環境とかに関心がない人が来ても、やっぱりちょっと難しいですよね。

社外から採用するときには、サブスタンス（事業計画の立案）は嫌いですけどロジスティクスは得意です、と言ってくれると採用していますね。

Q やっぱり仕事はロジですか？

伊藤 私自身、難しい訴訟や通商問題に携わる機会があったり、M&Aに関わったりしましたが、やっぱりサブよりロジがいかに大事かを身に染みているので。若い頃にロジで苦労したことがないと、40代、50代になってロジをやることは難しいんですよね。

国際共同開発の入り口に立てた

Q　最後に、セキュリティ・クリアランスを国際協業に活用していく可能性をどのように捉えていますか？

伊藤　セキュリティ・クリアランスは、積極的に事業に結びつけていこうと考えています。国際共同開発も含めてですね。私たちは「セキュリティ・クリアランス制度が必要です」と、おそらく日本企業で最も古くから必要性を唱えてきた会社だと思っています。

民間として一定の情報を共有してもらえる体制が整えば、官民連携も視野に入りますし、セキュリティ・クリアランスがもたらす信頼の証が国際共同開発の機会を増やしてくれれば、私たちは大歓迎ですし、ぜひともそれを目指していきます。

特定秘密との運用の一体性が確保されていけば、十分に国際共同開発の入り口に立てると思います。今までは（SC制度がないため）、入り口にも立っていませんでしたから。パスポートもなしで出国しようとしていた状態でしたが、今は（SCというパスポートが手に入れば）出国までできるというところで、あとは入れてもらえるかは個社ごとの頑張り次第ということですよね。

あとがき

テレビ局、インターネット企業を経てＮＥＣグループのシンクタンクで働き始めて最も新鮮かつ嬉しかったのは、「日本のため」が自然に暗黙知や前提として共有されていることだ。

「日本の安全保障が少しでもよくなるために、何ができるか」

これが私のライフワークであり、働くモチベーションだ。テレビ局でもそのマインドで日々、世界や日本のリアルを伝えようとしてきたつもりだし、インターネット企業でも日本のデータを守る仕事にチャレンジした（それは道半ばで終わってしまったが）。

事業会社に身を置きながら安全保障に直結する仕事をする機会は決して多くない。むしろ多くのビジネスパーソンは「日本のため」「安全保障のため」よりも「目の前の事業のため」「利益の最大化のため」ＫＰＩの達成に追われていることだろう。

パブリックマインドを貫徹させながらビジネスをやることは本当に難しい。パブリックマインドの発想に欠ける人たちのなかに身を置きながら、安全保障を語るという孤独を味わったことは私自身、数知れない。

日本のために、日本の安全保障のために、という青臭いことをパブリックマインドを持ってやることがいかに難しいことか、だからこそ、いかに大切なことなのかを民間の立場ではあるが、身をもって理解しているつもりだ。

私がシンクタンカーとして関わっているNECは、日本のためになることが自社の成長にもつながる、というビジネスモデルを持つ、日本における稀有な会社の1つだ。その本当の技術力はまだまだ世の中に十分に知られていない。

そこでは「日本のため」「社会のため」というパブリックマインドが自然と根ざしている。もう私は孤独を味わうことはなくなった。

そんな会社のシンクタンクで私は「日本のためになることが、自社の成長につながることにもなるのが経済安保」だと信じて、経済安保の調査研究に取り組んでいる。

経済を通じて日本の安全保障に貢献できる、安全保障を通じて日本の企業や経済を強くできる、そんなことをみんなで考え、実践し、実現できたら、どんなに素晴らしいことだろうか。

そして経済安保をきっかけに、1人でも多くのビジネスパーソンが安全保障に興味を持ち、日本にパブリックマインドがさらに浸透するきっかけになればと願う。

本書は多くの方々の直接、間接のサポートの結果だ。決して私一人では書き上げることはできなかった。

所属先のIISEの松木俊哉社長、天谷健一調査研究部長、多田崇企画部長には真っ先に感謝の言葉を伝えたい。私がいろんな話やアイディアを持っていくと、それを面白がってアドバイスや解決策を授けてくれ、先に進むことを応援してくれている。温かいサポートを惜しまない皆さんがいるおかげで、私は自由な調査研究、情報発信ができ、自分らしく仕事をすることができている。いつもありがとうございます！

NECの森田隆之社長、新野隆会長、遠藤信博特別顧問、田中繁広副社長をはじめとする役員のみなさんからの日々のサポートにも感謝したい。特に宇宙防衛事業を担当する山品正勝副社長と永野博之常務は、出会ってすぐに打ち解けさせていただいた。生意気にズケズケと課題を指摘する私を面白がり、歓迎してくれ、それを経営に活かそうとしてくれる誠実な姿勢が「NECをサポートしたい」という私のモチベーションにつながっている。

元警察庁、元インターポール№2の中谷昇常務とは20年を超える付き合いで、民間における経済安保の実現のためにともに戦った戦友だ。そんな中谷氏とZホールディングス時代に続いてNECでも一緒になったことは、「日本のためになる仕事をしろ」という神様からのお告げなのかもしれない。

経済安保の勉強会メンバーの皆さんにも感謝をしたい。経済安保の同志として悩みや対策を一緒に議論できる、あの場は日本で最高水準の経済安保の学びの場だ。特に三菱電機の伊藤隆氏をはじめ、東レの永屋竜馬氏、三菱重工の臼井修氏、住友商事の田上英樹氏、三菱UFJ銀行の藤井剛氏、IHIの新田裕亮氏、ベイカレント・コンサルティングの押味与司明氏らには筆者のIISEへの転職直後に初陣となったシンポジウムに駆けつけていただくなど、普段から温かいアドバイスとサポートをいただいている。この場を借りて感謝申し上げたい。

また、日本には安全保障を担っている心ある官僚、制服を来たプロのみなさんがいることも記しておきたい。国家安全保障局の飯田陽一内閣審議官は穏やかなキャラの中に日本の安全保障への強い思いを秘める、私が尊敬する官僚の一人だ。経済産業省の杉江一浩安全保障貿易管理政策課長にはワシントンDCで出会った頃から日本の経済安保を真剣に考え、そして行動する、その姿勢にいつも学ばさせていただいている。

このほかにも、名前を挙げることは控えるが、私の問題提起に自分事として真剣に耳を傾けてくれ、そして行動してくれている現役の方々に惜しみない賞賛を贈りたい。まだお目にかかったことがない行政官、制服のプロのみなさんも含めて、みなさんの奮闘がゆっくりと、しかし着実にこの日本に変化を生み出していることを私は知っている。あなたがいるから、日本は守られている。ここにも皆さんのファンが一人いることを憶えていてほしい。

最後に、いつも応援してくれている妻と娘たちに感謝の気持ちを伝えたい。きみたちがいなければ、パパはここまで日本の安全保障に本気になれていなかったかもしれない。少しでも豊かで安心できる日本を残してあげたい。その気持ちだけでパパは走っている。いつもありがとう。

ＰＨＰ研究所の金子将史取締役常務執行役員と白地利成編集長には本書を世に問う機会をいただいたことにお礼を申し上げたい。日本のことを我がこととして受け止め、そして行動できる人物はそう多くない。そんな金子氏とのご縁に感謝したい。

２０２４年５月

布施　哲

PHP新書

PHP INTERFACE
https://www.php.co.jp/

布施 哲［ふせ・さとる］

IISE国際社会経済研究所特別研究主幹、信州大学特任教授、海上自衛隊幹部学校客員研究員。1974年、東京生まれ。上智大学法学部卒業後、テレビ朝日政治部記者、ワシントン支局長、Zホールディングス経済安全保障部長を経てNECのシンクタンク、IISE国際社会経済研究所で現職。防衛大学校総合安全保障研究科卒業(国際安全保障学修士)。米軍事シンクタンクCSBA客員研究員、ジョージタウン大学客員研究員(フルブライト奨学生)として安全保障を研究。国際安全保障学会最優秀新人論文賞。単著に『米軍と人民解放軍』(講談社現代新書)、『先端技術と米中戦略競争』(秀和システム)。専門は経済安全保障、安全保障問題、先端技術の防衛への応用など。

PHP新書 1398

日本企業のための経済安全保障

二〇二四年六月二十八日　第一版第一刷

著者――布施 哲
発行者――永田貴之
発行所――株式会社ＰＨＰ研究所
東京本部――〒135-8137 江東区豊洲5-6-52
ビジネス・教養出版部 ☎03-3520-9615(編集)
普及部 ☎03-3520-9630(販売)
京都本部――〒601-8411 京都市南区西九条北ノ内町11
組版――株式会社ＰＨＰエディターズ・グループ
装幀者――芦澤泰偉＋明石すみれ
印刷所
製本所――図書印刷株式会社

ISBN978-4-569-85717-6

ＰＨＰ新書刊行にあたって

「繁栄を通じて平和と幸福を」(PEACE and HAPPINESS through PROSPERITY)の願いのもと、ＰＨＰ研究所が創設されて今年で五十周年を迎えます。その歩みは、日本人が先の戦争を乗り越え、並々ならぬ努力を続けて、今日の繁栄を築き上げてきた軌跡に重なります。

しかし、平和で豊かな生活を手にした現在、多くの日本人は、自分が何のために生きているのか、どのように生きていきたいのかを、見失いつつあるように思われます。そして、その間にも、日本国内や世界のみならず地球規模での大きな変化が日々生起し、解決すべき問題となって私たちのもとに押し寄せてきます。

このような時代に人生の確かな価値を見出し、生きる喜びに満ちあふれた社会を実現するために、いま何が求められているのでしょうか。それは、先達が培ってきた知恵を紡ぎ直すこと、その上で自分たち一人一人がおかれた現実と進むべき未来について丹念に考えていくこと以外にはありません。

その営みは、単なる知識に終わらない深い思索へ、そしてよく生きるための哲学への旅でもあります。弊所が創設五十周年を迎えましたのを機に、ＰＨＰ新書を創刊し、この新たな旅を読者と共に歩んでいきたいと思っています。多くの読者の共感と支援を心よりお願いいたします。

一九九六年十月

ＰＨＰ研究所

[経済・経営]

1174 「消費増税」は嘘ばかり　髙橋洋一
1175 平成の教訓　竹中平蔵
1187 なぜデフレを放置してはいけないか　岩田規久男
1193 労働者の味方をやめた世界の左派政党　吉松 崇
1198 中国金融の実力と日本の戦略　柴田 聡
1203 売ってはいけない　永井孝尚
1204 ミルトン・フリードマンの日本経済論　柿埜真吾
1220 交渉力　橋下 徹
1230 変質する世界　Voice編集部［編］
1235 決算書は3項目だけ読めばいい　大村大次郎
1258 脱GHQ史観の経済学　田中秀臣
1265 決断力　橋下 徹
1273 自由と成長の経済学　柿埜真吾
1282 データエコノミー入門　野口悠紀雄
1295 101のデータで読む日本の未来　宮本弘曉
1299 なぜ、我々はマネジメントの道を歩むのか［新版］　田坂広志
1329 51のデータが明かす日本経済の構造　宮本弘曉
1337 プーチンの失敗と民主主義国の強さ　原田 泰
1342 逆境リーダーの挑戦　鈴木直道
1348 これからの時代に生き残るための経済学　倉山 満
1353 日銀の責任　野口悠紀雄
1371 人望とは何か?　眞邊明人
1392 日本の税は不公平　野口悠紀雄

［**地理・文化**］

592 日本の曖昧《あいまい》力　呉 善花
670 発酵食品の魔法の力　小泉武夫／石毛直道［編著］
705 日本はなぜ世界でいちばん人気があるのか　竹田恒泰
934 世界遺産にされて富士山は泣いている　野口 健
1119 川と掘割“20の跡”を辿る江戸東京歴史散歩　岡本哲志
1182 京都の通りを歩いて愉しむ　柏井 壽
1184 現代の職人　早坂 隆
1238 群島の文明と大陸の文明　小倉紀蔵
1246 中国人のお金の使い道　中島 恵
1256 京都力　柏井 壽
1259 世界と日本の地理の謎を解く　水野一晴
1268 韓国の行動原理　小倉紀蔵

［**心理・精神医学**］

103 生きていくことの意味　諸富祥彦
304 パーソナリティ障害　岡田尊司
364 子どもの「心の病」を知る　岡田尊司
381 言いたいことが言えない人　加藤諦三
453 だれにでも「いい顔」をしてしまう人　加藤諦三

862 働く人のための精神医学　岡田尊司
895 他人を攻撃せずにはいられない人　片田珠美
910 がんばっているのに愛されない人　加藤諦三
952 プライドが高くて迷惑な人　片田珠美
953 なぜ皮膚はかゆくなるのか　菊池　新
956 最新版「うつ」を治す　大野　裕
977 悩まずにはいられない人　加藤諦三
1063 すぐ感情的になる人　片田珠美
1091 「損」を恐れるから失敗する　和田秀樹
1094 子どものための発達トレーニング　岡田尊司
1131 愛とためらいの哲学　岸見一郎
1195 子どもを攻撃せずにはいられない親　片田珠美
1205 どんなことからも立ち直れる人　加藤諦三
1214 改訂版　社会的ひきこもり　斎藤　環
1224 メンヘラの精神構造　加藤諦三
1275 平気で他人をいじめる大人たち　見波利幸
1278 心の免疫力　加藤諦三
1293 不安をしずめる心理学　加藤諦三
1317 パワハラ依存症　加藤諦三
1383 高校生が感動した英語独習法　安河内哲也
1389 無理をして生きてきた人　加藤諦三

［文学・芸術］

497 すべては音楽から生まれる　茂木健一郎
905 美　福原義春
916 乙女の絵画案内　和田彩花
951 棒を振る人生　佐渡　裕
1009 アートは資本主義の行方を予言する　山本豊津
1021 至高の音楽　百田尚樹
1103 倍賞千恵子の現場　倍賞千恵子
1126 大量生産品のデザイン論　佐藤　卓
1145 美貌のひと　中野京子
1165 《受胎告知》絵画でみるマリア信仰　高階秀爾
1191 名画という迷宮　木村泰司
1221 太宰を読んだ人が迷い込む場所　齋藤　孝
1253 若冲のひみつ　山口　桂
1270 美貌のひと2　中野京子
1284 天才論　立川談志の凄み　立川談慶
1288 ウルトラマンの伝言　倉山　満
1305 てんまる　山口謠司
1324 落語の凄さ　橘　蓮二
1330 忘れる読書　落合陽一
1378 愛の絵　中野京子
1390 美しい日本の言霊《ことだま》　藤原正彦